# 中国保险业市场发展问题研究
# （2016—2018）

赵 明 著

中国金融出版社

责任编辑：方　蔚
责任校对：潘　洁
责任印制：陈晓川

## 图书在版编目（CIP）数据

中国保险业市场发展问题研究：2016—2018/ 赵明著 . —北京：中国金融出版社，2021. 8
ISBN 978-7-5220-1240-7

Ⅰ.①中…　Ⅱ.①赵…　Ⅲ.①保险业—经济发展—研究—中国—2016—2018　Ⅳ.①F842

中国版本图书馆 CIP 数据核字（2021）第 139496 号

中国保险业市场发展问题研究（2016—2018）
ZHONGGUO BAOXIANYE SHICHANG FAZHAN WENTI YANJIU（2016—2018）

出版
发行　**中国金融出版社**

社址　北京市丰台区益泽路 2 号
市场开发部　（010）66024766，63805472，63439533（传真）
网上书店　www. cfph. cn
　　　　　（010）66024766，63372837（传真）
读者服务部　（010）66070833，62568380
邮编　100071
经销　新华书店
印刷　北京市松源印刷有限公司
尺寸　155 毫米×230 毫米
印张　7.5
字数　100 千
版次　2021 年 8 月第 1 版
印次　2021 年 8 月第 1 次印刷
定价　48.00 元
ISBN 978-7-5220-1240-7
如出现印装错误本社负责调换　联系电话（010）63263947

# 前　言

　　银行、证券和保险是拉动金融行业发展的"三驾马车"。其中，我国保险业起步较晚，与世界发达国家存在一定差距，是最具发展空间与潜力的行业。目前，中国的保险市场仍不够发达和成熟，还存在着诸多问题，如保险业从业人员整体素质较低、竞争不充分、不能满足风险保障需求、投资收益低、再保险市场不成熟、市场发展不平衡和中介机构质量差等，这些问题都是现今中国保险业发展过程中的挑战和障碍。随着金融业改革的不断深入、金融监管的不断升级，以金融控股为核心的混业经营模式是大势所趋，保险业在金融控股集团中具有重要的战略地位，不仅在于其具有较大的市场空间，还能发挥其风险管理的优势。

　　本书通过分析中国保险业的监管现状，科学地评价中国保险业市场发展的现状、存在的问题以及发展方向，并对经典案例进行分析，为提高中国保险业的综合实力和风险控制能力提供建议。随着我国经济体量的不断增大，人们的财富水平也不断地提高，中国保险业未来具有较大的市场空间，也将会产生较大的经济效益。同时，保险公司是经营和分散风险的单位，具有社会"稳定器"的功能，因此，本书的研究具有较强的社会效益。

　　本书的研究分为五章，第1章为绪论，主要介绍了选题背景、研究现状、研究意义和研究思路与方法。第2章为中国保险业监管现状与政策分析，主要介绍了中国保险业监管整体状况、保险公司治理结构监管、保险公司偿付能力监管和保险资金监管政策等内容。第3章为中国保险业市场发展现状与问题分析，主要包括中国保险业市场发展现状、中国保险业市场发展特征和中国保险业发展中存在的问题分析。第4章为金融资产管理公司控股保险业案例分析，主要对中国信达资产管理股份有限公司、中国长城资产管理股份有限公司和中国东方资产管理股份有限公司经营保险公司的案例进行分析，最后得出相应的启示与结论。第 5 章为中国保险业市场发展展望与建议，主要包括对保险市场未来发展前景的展望和相关建议。

本书为笔者在 2016—2018 年深入金融机构工作与调研期间形成的阶段性成果。时至今日，中国保险业市场无时无刻不在发生着"天翻地覆"的变化。本书对特定历史背景下中国保险业市场发展中存在的特定问题进行剖析，以期为保险业市场的发展留下一段"剪影"，为保险学者的后继研究留下一段"史料"。在本书的写作过程中，首都经济贸易大学金融学院保险系的研究生和本科生参与了部分工作，其中 2020 级保险专业硕士生黄涛、2021 级保险专业硕士生李玉轩参与了书稿内容的整理与校对工作；2020级保险专业硕士生严舒寒、2021 级保险专业硕士生袁森森、2018级保险专业本科生王淼和郑玉萌参与了书稿部分内容的修改与完善工作。本书的顺利出版，还要感谢中国金融出版社肖炜和方蔚两位老师的帮助与支持，正是由于他们细致、耐心的工作，才能使本书更加"精致"地展现在大家面前。由于笔者能力有限，内容难免存在不足之处，以期通过本成果抛砖引玉，引发更多专家学者对该领域的持续研究，为中国保险业市场的高质量发展贡献一份微薄之力。

赵明

2021 年 6 月 1 日

# 目 录

# 第1章 绪论

## 1.1 研究背景

保险业作为一个具有巨大发展潜力的产业，通常被称为"朝阳产业"，随着经济全球化的推进，其发挥着越来越重要的作用。同时，保险业在中国国民经济中占有越来越重要的地位，其对经济的影响越来越受到政府的重视，成为推动国民经济发展的重要力量。与此同时，中国保险业对外开放程度不断提高，国际贸易逐步加强，中国保险业的国际地位和影响力也进入了新的发展阶段，目前已有多家保险公司在境外设立保险营业机构及境外代表处。从目前来看，我国保险业正处于承前启后的发展关键期，在未来几年乃至十多年里，中国保险业的发展目标都是致力于和世界上最先进的保险业发展水平比肩，为达到世界上最先进的保险业发展水平而奋斗。

一直以来，银行业、证券业以及保险业都被认为是促进金融行业发展的三大重要推动力。在这三大金融行业中，保险业起步时间最晚，与世界发达国家相比差距最大，但同时也是最具发展空间与潜力的行业。然而，目前中国的保险市场依然不够成熟和发达，现存的许多问题都是现今中国保险业发展过程中的挑战和障碍，如再保险市场不够成熟以及发展不平衡、保险中介机构质量差、从业人员整体素质较低、市场竞争不够充分、风险保障需求无法满足、投资收益较低等。随着金融业改革的不断深入、金融监管的不断升级，保险业在金融控股集团中具有重要的战略地位，不仅在于其具有较大的市场空间，还能发挥其风险管理的优势。因此，关于中国保险业市场发展问题的研究已成为非保险金融机构重点关注的课题。

## 1.2  研究意义

本书通过分析中国保险业的监管现状，科学地评价中国保险业市场发展的现状、存在的问题以及发展方向，并通过随机前沿方法（SFA）进行实证分析，以及对经典案例进行分析，意在为提高中国保险业的综合实力和风险控制能力提供建议。随着我国经济体量的不断增大，人们的财富水平也不断提高，中国保险业未来具有较大的市场空间，也将会产生较大的经济效益。同时，保险公司是经营和分散风险的单位，具有社会"稳定器"的功能，因此，本书的研究具有较强的社会效益。

尽管我国保险公司研发和提供的保险产品数量颇多，但是从整个保险市场来看，不同公司的保险产品差异化程度却比较低。中国银行保险监督管理委员会的相关数据显示，我国保险公司的险种同质化程度高达 90% 以上，相同险种的保险产品在其保险责任条款和承保范围等方面非常相似，缺少特点和差异性。产品缺少差异性将会直接导致保险公司的数量在不断增多的同时市场竞争也在不断恶化。所以从目前来看，品牌竞争是我国保险公司的主要竞争途径，而非通过产品竞争途径。与成熟市场相比，目前我国的保险密度和保险深度还处于较低的水平，保险业的发展潜力巨大。党的十九大以来，随着国民经济结构的调整优化，居民收入占 GDP 比重的提高，中产阶级发展壮大，中国保险市场出现了井喷式发展。同时，保险行业具有长期稳定性的特点，虽然保费收入在保险公司财务处理中被划分为负债项目，但从长期看来，保费收入才是保险公司现金流的稳定来源，同时也是决定公司内在价值以及发展潜力的重要考量要素。

## 1.3 研究现状述评

### 1.3.1 国外研究现状述评

在 1963 年世界贸易与发展首届年会上，世界贸易与发展组织正式指出健全的保险与再保险市场是一个国家经济增长的主要特征。根据以往的经验来看，人们对于保险发展与经济增长相互关系的重要性已经普遍达成了共识，许多国内外的学者都针对这一主题开展了研究。V.Fragnelli、M.E.Marina（2003）在《公共经济学》杂志发表的《保险与经济增长》一文中提出，当行为人处于经济增长中的随机性冲击时，保险的收入补贴将鼓励投资并加速经济增长。D.Cummins、O.Mahul（2004）通过研究 1970—1981 年12 个工业国家的数据样本，发现非寿险需求与人均 GDP 存在相关关系。Outreville（1990）认为保险市场发展水平与金融市场发展水平同方向变动，他运用 55 个发展中国家的截面数据研究发现，非寿险需求与人均 GDP 正相关，与金融发展水平（$M_2/GDP$）正相关。S.Hussels、W.Danian、R.Zurbruegg（2005）通过建立模型研究二百多年的英国保险业发展史，得出结论——保险创新是英国经济增长的重要原因之一。E.Marcon、Florence Puech（2010）通过对56 个国家 1976—2004 年相关面板类型数据的研究分析，得出如下结论：保险市场活动与经济增长之间存在着相关关系，寿险的普及和发展对高收入国家的经济增长产生了显著的积极影响，而非寿险的发展不仅对高收入国家的经济增长产生了正向影响，还对发展中国家的经济增长也产生了正向影响。F.S.Board（2011）对OECD 国家进行研究，发现意大利和澳大利亚等国家的保险行业发展与经济增长互为因果关系，而美国、英国、瑞士、奥地利四个国家的保险行业发展与经济增长之间不存在相互的因果关系，加拿大的保险业发展与经济增长存在一定的相关关系，而法国的保险业发展与经济增长并不相关，从 OECD 九个成员国的研究结果分析得出，保险业发展同经济增长之间并不存在确定的因果关系。

### 1.3.2　国内研究现状述评

尽管在现有的文献中有关保险业发展状况的研究很少，但是近年来针对保险业发展评价指标的研究成果较多，与国民经济和社会的关系等也有所涉及。保险业发展课题组（1990）经研究认为抑制的保险需求得到释放是 20 世纪 80 年代以来我国保险业超高速增长的主要原因之一。随着这种被抑制的保险需求释放完毕，我国保险业的发展将由超高速增长时期转入常规增长时期。林宝清（1993）通过进行实证分析得出在外部条件基本相同的情况下，国民生产总值与保费收入、各省国民生产总值与保费收入以及人均国民生产总值与人均保费收入都分别具有显著的正相关关系。孙祁祥（2017）认为在我国保险行业的发展过程中，政府的宏观经济策略和制度的影响因素，即社会经济体制的改革，在使人民转变风险意识和风险观念中发挥着相当重要的作用，同时保险行业的发展速度和规模受到人们平衡当前消费与未来积累的制约，即受到当下社会经济发展水平的约束。肖文及谢文武（2001）认为保费收入与 GDP 之间基本存在正相关关系，而保险行业的超常规发展，在一定程度上完全依赖于 GDP 的提高。吴江鸣和林宝清（2003）建立了一个有关我国保险需求的较为完整的模型，其中包含了较多解释变量，使整个模型的分析更加全面。刘仁伍（2008）认为，衡量一个国家的保险业水平是否得到充分发展，不仅要分析比较该国家保险业的总量指标，更重要的是要仔细审察其结构和效率指标，根据两个指标要素提出保险业的综合评价指标体系。樊新鸿（2015）则从公司层面出发，分别根据保险公司业务、财务和管理三个方面建立中国保险业科学发展评价指标体系。

## 1.4　研究方法

本书使用了比较分析、文献研究和案例研究相结合的研究方法，目的是能够更全面、更系统地体会和分析研究日标。

### 1.4.1 文献研究法

文献研究法主要是指通过搜索、收集和整理文献，在对文献进行研究后形成自己对事实的科学认识的一种方法。本书通过五个基本环节来实现文献研究：第一个环节是提出课题或假设，此环节是指根据已经存在的结论、事实和需要，通过对相关文献进行分析或重新归类研究后提出新设想及构思；第二个环节是研究设计，通过将上个环节的成果设计成具体的、可以操作的、可以重复的文献研究活动来建立研究目标，研究目标的建立对解决针对性问题能起到很大帮助；其余三个环节分别是搜集文献、整理文献和进行文献综述。

### 1.4.2 比较分析的方法

通过对比中国保险业及各企业集团的发展现状，分析比较出中国与世界其他发达国家的保险业在发展模式和历史经验两方面存在的差距以及具体表现的内容。

### 1.4.3 案例研究法

由于本书的研究需要以大量的事实依据作为支撑，但有些观点不容易获得足够的数据来支持，需要使用案例研究方法进行分析。本书选取金融资产管理公司控股保险业的典型案例进行分析，并结合文献资料对案例中的对象进行深入的剖析与挖掘，得出保险业市场发展的一般性、普遍性规律。

## 1.5 主要研究内容

本书的研究分为五章，主要包括：

第1章为绪论，此部分主要介绍了选题背景、研究现状、研究意义和研究思路与方法。

第2章为中国保险业监管现状与政策分析，2017年是我国保险业发展的保障大年与监管大年，我国保险业时刻将实体经济服务、金融风险防控和金融改革深化三大任务置于首位，强化保险业姓保、监管姓监的原则，保持着较高的行业景气度，本章主要介绍了中国保险业监管整体状况、保险公司治理结构监管、保险公司偿付能力监管和保险资金监管政策等内容。

第3章为中国保险业市场发展现状与问题分析，主要包括中国保险业市场发展现状：中国保险密度与保险深度、中国保险业保险保费收入及赔付支出整体分析、中国寿险保费收入及赔付支出情况分析、中国财险保费收入及赔付支出情况分析、中国意外险保费收入及赔付支出情况分析、中国健康险保费收入及赔付支出情况分析、中国保险投资收益情况分析、中国互联网保险业市场发展状况、中国保险业服务实体经济状况分析；中国保险业市场发展特征：人身险业务发展收缩，产险业务增长提速、市场竞争分化加剧，互联网保险发展缓慢、险资投资较为稳健，保险科技成为行业亮点；中国保险业发展中存在的问题分析。

第4章为金融资产管理公司控股保险业案例分析，主要包括中国信达：增持寿险、减持财险；长城资管：单独寿险模式；东方资管：找准切入，逐步打造保险集团；案例启示。

第5章为中国保险业市场发展展望与建议，主要包括对保险市场未来发展前景的展望和相关建议。

# 第 2 章  中国保险业监管现状 与政策分析

中国保监会于 2017 年对保险行业保障本质与监管力度实行严格管控。保险行业将大力发展实体经济、防范与化解金融风险和加强金融创新作为未来的发展方向，秉持保险业姓保、监管姓监的原则，以较高的行业发展活力与规划面向新时代发展机遇。2017 年原保费总收入再创新高，行业整体增速放缓，但长期人身险种与传统寿险占比稳步上升，行业风险容量与管控能力进一步加强，发展质量和效益明显提升。保险业在围绕保障本源、发挥风险分散能力的过程中取得标志性进步，但潜在性与局部性风险仍是其发展过程中面临的重大挑战。

## 2.1  中国保险业监管整体状况分析

中国经济的平稳发展与社会秩序稳定需要对整个保险行业实施有效、持续的监管措施。较高的行业规范与发展准则关系到社会福利与公共利益的实现，并最终影响着经济的持续发展。

### 2.1.1  中国保险业的监管现状

保监会在对保险业保障本质实施全面的监管之前，由于监管执行力度不够深入、监管面及处罚程度较小，保险市场乱象丛生、问题严重。直到 2017 年，政府就市场乱象展开严格惩治，保险行业迎来了监管"严"年，监管力度逐渐加大，并取得了积极的进展。监管升级主要体现在以下三个方面：

（1）监管文件密集出台，回归主业已成趋势

2017年4月20日至5月5日，短短半个月时间，保监会密集出台了一系列文件，包括《关于进一步加强保险监管维护保险业稳定健康发展的通知》（34号文）和四个落实文件，分别是为加强风险防范的《关于进一步加强保险业风险防控工作的通知》（35号文）、严惩市场乱象的《关于强化保险监管打击违法违规行为整治市场乱象的通知》（40号文）、服务实体经济发展的《关于保险业支持实体经济发展的指导意见》（42号文）、补齐监管制度短板的《关于弥补监管短板构建严密有效保险监管体系的通知》（44号文），反映出政府惩治保险业的坚定决心与态度。

自保监会加强监管以来，各大金融行业都在不断制定和调整监管政策，意在强化金融机构风险内部消化的能力，同时缩小风险自留的成本。金融行业的收益向来就伴随着风险，高回报率意味着需要更高的风险承受能力，监管部门对其资本充足率和偿付能力的要求也就越高。这必然会使得金融机构提升成本来换取资金的流动性，进而实现风险的内化。国际金融危机（2008）发生后，国内外许多研究致力于如何通过监管来增强企业的风险承受能力，将其可能外溢的风险与成本内部化，提高企业的风险管理意识以防止其发生过于追求收益性而忽视安全性的冒险行为。在此背景下，保险业的监管也应遵循这一逻辑。

目前保险业监管的主要任务在于梳理风险、惩治乱象、补齐短板以及服务实体经济。但在监管过程中需考虑以下几方面的约束：一是监管成本的约束。监管一方面能够提升整体的社会福利与效率，促进市场的完全竞争。但对金融机构监管的同时带来的成本却是双向的，监管者与被监管的对象都会因此产生一定的成本。二是路径依赖的约束。保险监管的对象与方式不是单一式、散点式的，保险业自身的发展与监管的经验已经形成了不同的路径机制，监管机构要在把握大的监管方向上，重视路径依赖，并在此基础上找到合理的、关键的监管路径。三是监管能力的约束。在信息技术大发展的社会中，仅仅依靠监管机构的政策约束模式

过于单一，尤其是在互联网、大数据下的经济社会中，要完全消除风险困难重重。在面对监管难以应对的风险时，更是要完善企业自身的信息披露制度、加强市场约束与社会监督等，形成多元化、多层次的监督机制。

（2）启动"偿二代"二期工程

保监会于 2017 年 9 月正式发布了《偿二代二期工程建设方案》，计划用三年左右的时间完成发展与服务实体经济、加快金融市场改革、防范化解金融风险三大目标，并在此背景下结合保险科技发展前沿与新的监管工作要求，针对保险业的新问题进行严格监管。不断完善监管方式，提高监管的有效性是在"四个导向"下进一步改进和完善偿二代监管体系的必然要求。

《偿二代二期工程建设方案》中要求坚持"四个导向"与"三大任务"。坚持以风险导向、问题导向、开放导向和前瞻导向的监管要求，同时明确部署了三大监管任务。一是完善监管准则。重点在于解决保险机构资本虚增、资产厘定不清问题、产品运作不实问题以及保险资金运用的安全性与流动性问题。二是健全运行机制。借助互联网、人工智能、大数据、云计算和区块链等金融技术，探索科技监管新格局。逐步建立起多层次、全方位的偿付能力监管监测体系，保证偿付能力数据的真实性、可溯性。三是加强监管合作。一方面要增强监管机构间的联动性，包括银监会、证监会、人民银行、外汇管理局在内的金融监管合作；另一方面，在国际上，可以借助"一带一路"的优势，与其他国家（地区）建立起偿付能力监管合作机制，参与和探究国际监管的新规则。

自 2016 年 1 月偿二代正式实施起，间隔一年，二期工程的加紧布局与落实表明了偿付能力监管的重要性。对保险业实行全面、科学有效的监管任重道远。偿二代二期涵盖内容十分广阔，囊括了三大支柱，包括定量监管、定性监管和市场约束；将重点审查的风险分为三类，即量化风险、难以量化风险和难以监管风险；将保险机构资产负债表分类为三端，即资产端、负债端和资本端。但正因为偿二代覆盖面广，其涉及领域十分复杂，在某些方面也存在许多弊端和不完善之处。比如，风险系数值需要随着保险市场发展和变化进行及时的更新和调整；风险的识别和评估须与资产端创新同步调；保险市场主体的变动与交易对象的创新需要纳入监管范畴；风险综合评级的范围也应进行扩大，将未包含在内的原市场主体（如保险集团、养老险公司、保险资产管理公司等）纳入评级范围。此外，引导保险业回归保障本源、发挥保险姓保的作用理念，从保险的本质角度对偿二代监管体系提出了新的要求。因此，偿付能力监管体系建设任重而道远，只要不涉及框架和结构的调整，那么偿二代二期、偿二代三期将会是未来的发展趋势。否则，则需更名为偿三代监管体系。偿付能力监管是一项永远在路上的工程。

（3）对保险业销售监管趋严

《保险销售行为可回溯管理暂行办法》（以下简称《暂行办法》）于2017年11月开始实施，针对销售误导行为进行整治。同月，保监会再次针对消费者权益保护问题，首次公示了保险公司服务评价结果，重点解决保险理赔难等问题。

保险销售误导一直是困扰消费者的一大难题，特别是在如实告知原则上容易出现纠纷，由于举证责任分配不清、证明资料难以定实等原因，相关判决机构无从判案，导致近年来复议和上讼案件数量成倍增长，监管效率低下。《暂行办法》要求保险公司与保险中介机构在销售过程中采取必要的取证措施，比如在投保环节通过双录（录音录像）等手段来记录和保存重要信息。此外，现阶段若想将所有销售渠道、产品和相关群体都纳入可回溯管理，条件上不允许，而且也没有必要。监管部门在梳理消费投诉数据并进行分析后发现，保险机构以代理人方式销售人身险时容易发生销售误导行为，尤其是在面向60岁以上人群时，这种误导风险急剧上升。此外，在其他销售渠道方面，投资连结保险也存在此类的销售误导。因此，优先将这类销售渠道、人群及产品纳入可回溯暂行办法管理，是比较有效且合理的政策选择。

2017年11月，保监会首次公布的保险公司服务评价结果引起了社会各界的广泛关注。依据《保险公司服务评价管理办法（试行）》（2015）的相关规定，此次服务评价涵盖2016年度保险公司服务的主要数据和信息，着眼于消费者反映强烈且突出的主要问题。总体涵盖了电话呼入人工接通率、理赔获赔率、投诉率等8类定量指标，并按照财产保险公司和人身保险公司分别进行评价，而保险机构服务创新与重大负面事件则作为评价的辅助指标，评价结果最终由保监会保险公司服务评价委员会表决确定。此次评价结果共包括58家财产险公司，其中A类评级10家，占比17.24%；B类38家，占比65.52%；C类10家，占比17.24%；另外在参与评价的59家人身险公司中，A类评级11家，占比18.64%；B类35家，占比59.32%；C类12家，占比20.34%；D类1家，占比1.69%。

要切实保护好消费者权益问题，仅对个别保险公司进行服务评价远远不够，而且目前的评价指标能够反映的现实问题也还不全面。还必须得从它自身的经营环节进行评价，如咨询、销售、承保、理赔、投诉等。保险业是一种典型的服务密集型行业，其服务评价结果在很大程度上反映出消费者的满意度，应该值得高度关注。想要确实保障消费者权益，落实以人民为中心的发展理念，应当继续深入研究影响保险公司服务质量的因素，制定更具针对性、科学合理的监管政策，以引导保险公司提升服务质量。

### 2.1.2 中国保险业监管中存在的问题

我国保险监管面临的诸多问题在日益复杂的监管环境下愈加突出，主要体现在以下三个方面：

（1）未建立市场退市机制

保证保险监管有效性的一个重要制度条件是看是否具备完善的市场退出机制，这同时也是衡量市场成熟程度的一个重要指标。监管机构以及相关部门考虑到保险公司倒闭会给市场带来巨大冲击，导致严重的社会后果，因此即便是在保险业快速发展的今天，也不会出现保险公司因偿付能力不足而退出市场。但正是因为市场退出机制尚未完全建立，一些保险公司以此作为政府的一种隐性担保，不断扩大自身的经营风险，盲目扩张，违背安全性的核心前提。

（2）保险行业协会的作用没有得到充分体现

一方面，银保监会承担着监督市场、防范风险的任务，另一方面，还承担着促进保险行业发展、增强保险公司国内外竞争力的任务。一个突出的问题是监管部门无法同时兼顾两方面的需求。虽然银保监会在不断增设相关机构，加强监督职能，但增设的机构多集中在省会城市及计划单列市，监管过于片面，无法反映出基层保险业的运作情况，一部分保险机构徘徊于监管政策之外。行业自律是监管的一种重要补充手段，目前我国保险行业协会正处于起步阶段，社会威信与行业地位有待提高，权威性还有待加强，亟需进一步发挥其在保险市场的监督职能。

（3）违法查处不严

保监会在查处保险机构相关违规问题时，往往不能根据惩处对象作出相应的处罚和移交。由于要考虑诸多方面的利益与矛盾，作出行为处罚时犹豫不决；此外，保险公司资金雄厚，实力强大，一般的处罚力度对其而言过于轻微，根本起不到警示性的作用。如保险市场上一再禁止的违规费率下调，原因在于处罚措施不能让保险机构引以为戒。

### 2.1.3  中国保险监管制度的建议

（1）健全保险机构市场退出机制

为保证我国保险机构公平、公正、公开地完成退出的过程，需要健全的退出机制，既要能满足市场经济需要，也要能适合我国国情，循序渐进地建立起完善的规章制度。首先，应在地方实行退出机制试点，考察保险机构退市带来的相关影响，权衡市场利弊及政府负担；之后根据试点经验进行下一步的战略部署，合理规避和解决保险机构退市给社会带来的成本和福利损失，缓解各方矛盾，制定与市场经济制度相协调的退市机制。不仅要在理论上和思想上打造有利的退市环境，积极构建风险管理和救济制度，而且需要强化对重大风险的应急处置能力，提前完善风险识别和衡量的具体措施。

（2）建立完善的监管法律制度

目前我国监管法律制度体系还不够完善，需要通过渐进方式建立起完善的监管法律制度。首先，需要完善监管实施细则。《保险法》中明确规定了机构实施监管职能的原则和职责，并进一步扩大了其监管的范围和手段。监管部门应明确这些手段与措施的应用范围，并结合实际环境和监管对象，在相关领域加强监管措施，发挥监管机构的主体监管作用。其次，优化立法机制。银保监会在制定法律法规时，应更加注重保险机构的需求与建议，加强消费者权益保护，协调沟通各监管部门司法的有效性与合规性。尤其需要注重的一点是消费者的意见与反馈，通过网站、新闻发布会、听证会等适当的方式广泛征求社会意见，增强保险法律法规的科学性和可操作性。

（3）培育自律机制，构建多层次的监管体系

保险监管仅依赖保险行业协会的监督远远不够，还需要发挥行业的自律机制，构建多层次的监管体系。一个成熟的保险市场应更加注重保单的规范设计、保费的合理厘定、承保前端的风险把控以及偿付能力的精确计算。而在体制不健全的市场中，市场的供给主体往往忽略对风险的严格管理及对偿付能力底线的坚守，以保费收入为导向的营销手段容易导致市场的恶性竞争，损害消费者的利益。保险行业协会在对保险公司市场行为监管的过程中具有独特的地位优势。一方面，行业协会并不属于政府部门，而是富有亲和力的民间团体，与保险公司和中介机构并无直接的经济利益关系。另一方面，行业协会的自律机制作为监管的辅助手段发挥着重要的补充作用。因此，为构建多层次的监管体系，银保监会应当通过《保险法》《保险公司管理规定》等综合性法律法规赋予行业协会相关的权利，进一步提高其社会公信度和权威性。

## 2.2 保险公司股权监管与政策分析

习近平总书记在 2017 年 7 月召开的第五次全国金融工作会议上发表重要讲话。习近平总书记强调，要完善现代金融企业制度和公司法人治理结构；构建有效合理的激励机制，防范化解企业内部风险。同时加强外部市场约束，优化并明确股权结构。明确股权并加强保险公司股权监管，目的是从根本上防范保险公司的治理风险。

### 2.2.1 保险公司股权监管的必要性和重要性

无论是从加强保险业公司治理、保护保险消费者权益的角度看，还是从促进保险业稳定健康发展、维护金融安全的角度看，对保险公司实施股权严格管控具有重大的现实意义。

（1）完善保险业公司治理体系的基础

"三会一层"的法人治理结构一直以来都是现代企业的核心管理制度，包括股东大会、董事会、监事会及高级管理层之间的相互联系与相互制约，是良好的公司治理体系的基础。在保险公司中，股东大会对经营决策和人事任免具有最高的决定权。《中华人民共和国公司法》规定，股东大会对公司的经营方针和投资计划，选举和更换董事、监事，审议重大报告、决议和方案等重要职权具有最终决定权。"三会一层"制度体系的有效实施受到保险公司股权变动和转移的影响，并进而影响到公司法人治理结构的变化。围绕保险公司股权结构来实施有效的监管，不仅是从根本上对保险公司股东实施监管的必然要求，更对防范公司内部治理风险、构建有效运作的法人治理结构具有重大现实意义。

（2）保护保险消费者合法权益的需要

加强保险公司股权监管最终需要回到消费者利益保护问题上，保险公司经营管理的各方面都与消费者息息相关，保险公司股东的经营理念、方针和行为通过董事会、管理层传导至保险公司经营管理过程中，势必对保险消费者的切身利益产生影响。银保监会对保险公司股东的资质与行为的监管，一方面加强了消费者的合法权益，保障了投保人、被保险人与受益人的利益不受侵害。另一方面可以防止因股权变动使行业过于集中，甚至产生垄断，导致潜在的保险消费者在与保险公司交易的过程中处于被动地位。因此，保护保险消费者合法权益，是保险公司应尽的职责。

（3）新形势下我国保险业稳定健康发展的要求

我国经济实力的稳步提升和改革开放进一步取得重大成果，为我国保险业发展提供了良好社会环境，保费收入稳步增长，资产规模不断扩大，发展趋势和整体收益持续向好。各类资本通过发起设立和收购保险公司等方式，纷纷进入保险行业。金融资本不断流入保险市场，为行业发展注入新的活力。但在资金融通的过程中易出现保险资金自我注资、虚假增资等行为。个别股东将大量资金投向控股股东或者其他关联方的资产，滋生非正当关联交易，增加了保险市场的脆弱性，不仅扰乱市场秩序，更可能引发严重的金融风险。切实把好保险公司股东入口关，加强对股权变更的监管，让真正想做保险、会做保险的资本进入保险业，不仅是维护良好的金融市场秩序、提高金融市场安全性的需要，也是新形势下我国保险业稳定健康发展的要求。

### 2.2.2 国际保险监督官协会关于保险公司股权监管的规定

2011年10月，国际保险监督官协会正式发布《保险监管核心原则》（ICP），ICP从核发许可执照和控制权变动两个方面，提出了保险公司股权监管的基本原则，之后于2012年10月、2013年10月、2015年11月分别进行了修订。

（1）通过核发许可执照实行严格准入

一是对保险立法的要求。保险立法应对需要许可的保险业务作出定义，禁止开展未经许可的保险业务，明确可允许的国内保险人的法定形式。向有关部门分派核发许可执照的职责，明确国外保险公司在管辖区内可开展保险业务的程序和设立形式。

二是对申请人的要求。核发许可执照的要求和程序须清楚、客观及公开并保持连贯性。核发许可执照的申请人应满足以下条件：业务及计划稳健，公司或集团组织结构不妨碍有效监管，董事、高管、控制部门及重要股东的关键人员具有合适性，具有合理的公司风险治理体系，符合资本要求。关于人员的合适性、公司治理和资本要求，ICP5、ICP7、ICP8 和 ICP17 进行了更加详细的规定。

三是对监管部门的要求。监管部门应在规定的合理时间内，及时对申请进行评估、作出决定并通知申请人。对符合要求的，核发许可执照并根据实际情况提出附加要求、条件或限制。对不符合要求的，拒发许可执照并作解释说明。

（2）对保险人控制权变动实施监管

一是定义对保险人的控制权。法律应明确定义保险人拥有的控制权，应包括：持有保险人已发行股份或金融工具的数量或比例超过一定门槛，上述股份或金融工具的投票权有权任免董事会成员或其他执行委员会成员。此外，对保险人的重大股权也进行了定义。二是取得保险人控制权须经过监管部门许可。任何法人或自然人，其自身或与他人共同持股超过保险人控制权门槛时，应经监管部门许可。监管部门应确认取得控制权之人的适用标准与取得新许可执照的标准一致，并确保其能够提供最低的法定资本和后续资本支持。如对投保人产生重大不利影响，监管部门应拒绝申请。三是加强股权及控制权的相关情况信息披露。监管部门应要求保险人提供股东及直接或间接行使控制权人的有关情况，保险人股权及控制权变动时应及时通知监管部门，该比例一般在 5% ~ 10%。

## 2.2.3 发达国家及地区保险公司股权监管

（1）美国

根据美国国会 1945 年通过的 McCarran‐Ferguson 法案，保险监管权由各个州政府行使，制定各自的保险法规，建立单独的保险监管部门。为制定统一口径的监管标准及协调各州的保险监管措施，美国还成立了保险监督官协会（NAIC），规定新的保险市场准入者设立保险公司须满足所在州规定的最低法定资本金和盈余要求。保险监管部门充分考虑申请者的保险业务种类、经营历史和财务状况，然后确定资本金和盈余水平要求。不同州的要求有所不同。如北卡罗来纳州对意健险<sup>①</sup>公司的最低资本金和盈余要求是40万美元和60万美元，而对人寿保险公司的最低资本金和盈余要求是60万美元和90万美元；宾夕法尼亚州对意健险公司的最低资本金和盈余要求分别是10万美元和5万美元，对人寿保险公司的最低资本金和盈余要求是100万美元和50万美元。

在保险公司控制权变动方面，在2015年第一季度，NAIC在发布的《保险控股公司体系监管法案》中作了详细规定。一是取得保险人的控制权须经保险监管部门许可。拥有10%及以上的投票权即可认定为有控制权（收购方能证明不存在控制的除外）。在此情况下，收购方须向监管部门提交声明，报告涉及14个方面的详细情况，主要包括：各收购方所从事业务性质及计划；董事及高管等相关人员的主要职业、职务、犯罪记录等；并购对价的来源、性质和金额；经充分审计的财务信息；对保险人可能的清算计划；计划收购的证券数量及与之相关的任何合同、协议、意向书的有关情况；过去12个月收购的上述证券情况；要约收购书；与经纪商签订的合同、协议、意向书的有关情况；最终控制人同意提交年度报告的声明；应监管部门要求提供相关信息的承诺书；监管部门出于保护投保人或公众利益的考虑，认为需要提交的其他信息。二是监管部门通过听证方式给予许可。监管部门在收到完整申请材料30天内召开听证会。在听证会上，申请人、保险人、被通知参加听证的任何人及利益可能受影响的任何人均有权提供证据、询问和盘问证人、进行口头和书面辩论，并有权按照州法院的做法执行发现程序。听证后，监管部门在下列情况下将

---

① 意外险和健康险的简称。

不予许可：保险人在控制权变动后无法满足经营现有保险业务种类的要求；并购将显著减少本州的保险业竞争或产生垄断；收购方的财务状况可能危及保险人的财务稳定性或损害投保人的利益；收购方清算保险人等相关计划对投保人不公平不合理，有损公众利益；保险人控制人的能力、经验和诚信不够，如允许并购将损害投保人和公众利益；收购可能对广大保险消费者有害或不利。三是高度关注收购可能引起的市场垄断。对参与收购或被收购的相关保险人，如有充分证据证明收购后将显著减少竞争或产生垄断，监管部门可以命令相关保险人停止开展所涉及的保险业务或拒绝相关保险人开展业务的许可执照申请，违反命令者将受到罚款甚至吊销执照。在这方面，是否减少竞争具有详细的标准。例如，对于高度集中的市场（前四大保险人的市场份额达到75%及以上），收购后出现以下情况即违反竞争标准：保险人A市场份额4%、B市场份额4%及以上；保险人A市场份额10%、B市场份额2%及以上；保险人A市场份额15%、B市场份额1%及以上。对于非高度集中的市场，收购后出现以下情况即违反竞争标准：保险人A市场份额5%、B市场份额5%及以上；保险人A市场份额10%、B市场份额4%及以上；保险人A市场份额15%、B市场份额3%及以上；保险人A市场份额19%、B市场份额1%及以上。

（2）中国香港地区

我国香港地区的保险业务受香港法例第41章《保险公司条例》（2015年最新修订）及其附属规例所监管，其中包含了对保险公司股权监管的有关规定。一是在市场准入方面。根据《保险公司条例》的规定，于香港设立或从香港经营保险业务的公司应向保险监管部门申请授权开业。此外，《保险公司条例》还列明了获取授权须符合的条件，包括已缴足股份及偿付准备金的最低数额（如规定2000万港元为经营法定业务的一般业务保险人最低已缴足股本、最低偿付准备金的下限）、董事及企业控权人须为适当人选以及充足的再保险安排等。保险业监管部门经审核资料、实地视察后给予授权证明书或拒绝批准函件。二是在获取保险公司控制权方面。控制权人指"有权单独或连同任何相关者或通过代名人,在保险公司的大会上行使或控制行使15%或以上的投票权的人"。要成为获授权保险人的控制权人,须向保险业监管部门送达通知书并提交相关资料(对于个人,须提交基本情况、资历及经验、犯罪情况、债务情况等;对于法人,须提交基本信息、主要业务活动、财务情况、所有附属公司及任何控权公司或最终控权公司的名称、成立为法人的地点及主要活动等),保险监管部门未表示反对后方可实施。在不知情的情况下成为控制权人,须在察觉该事实后14日内向保险业监管部门送达通知书并提交相关资料。违反者将受到罚款、监禁等处罚。

(3)中国台湾地区

根据我国台湾地区"保险法"的最新修订(2016),保险业经主管机关许可方可营业,"保险业设立许可及管理办法"(2015年最新修订)具体规定了保险业设立、登记、转让、合并及解散清理的相关条件和详细程序。

为加强对保险公司股东股权透明化及强化对保险公司股东的管理,按照持股比例,分别设定了具体的前置审批程序和申请资料要求。我国台湾地区"保险法"规定,同一人或同一关系人单独、共同或合计持有同一保险公司已发行有表决权的股份总额超过5%,或其持股超过5%后累积增减超过1个百分点者,应自持有之日起10日内向主管机关申报;同一人或同一关系人拟单独、共同或合计持有同一保险公司已发行有表决权股份总数超过10%、25%或50%者,均应分别事先向主管机关核准。在此基础上,我国台湾地区出台了"同一人或同一关系人持有同一保险公司已发行有表决权的股份总额超过一定比率管理办法""持有已发行有表决权股份申报应注意事项",进一步细化了资格条件、申请核准资料等相关要求。

(4)经验启示

①监管机构需深度强化保险公司股权监管

保险公司股权重大变动和控制权变动对公司三会一层运作产

生根本性的影响，从而可能影响到保险市场和公众利益。《保险监管核心原则》表明，要维持保险市场的公平稳定、推进金融稳步发展并切实保障消费者权益，稳定的监管体系至关重要。美国、我国香港和台湾地区在奉行自由市场经济、给予市场主体平等机会的同时，从法律上授予保险监管部门相关监管权限，通过制定规则和审慎监管，建立事前、事中、事后的监管机制。监管部门对申请人所须提交的材料要求详尽细致，采取现场、非现场等多种方式开展实质性的审批和监管，根据监管对象和监管要求严厉惩处违反法律法规和监管规定的行为。

②强化股东股权透明度监管

一是严格股东资质标准。美国审核的重点放在股东的经验、是否胜任、诚信和管理能力上。我国香港地区重点审查申请人资历、经验、守法性、财政状况、人手编制、会计政策、内部管理措施及业务计划等各方面的情况。我国台湾地区重点审查申请人的诚信、正直、守法性、财务状况、经营管理经验能力、与保险公司的利害关系及所提经营计划是否有助于保险公司长期健全发展。二是加强对股东背景的穿透。在美国，如果收购方为合伙企业或集团，监管部门可以按照收购方的标准，要求其合伙人或成员单位提交 14 个方面的详细情况。在我国香港地区，如果拟成为控制权人的申请人为合伙性质，须提交所有合伙人的详情，合伙人属于法人团体的，须提供所有附属公司及任何控制权公司或最终控制权公司的名称、成立为法人的地点及主要活动。三是加强对持股资金来源的监管。在美国，获取保险公司控制权须向监管部门提供并购对价的来源、性质和金额情况，包括与之相关的任何交易的详情以及资金提供者的身份。在我国台湾地区，同一人或同一关系人持股超过 10%、25% 或 50% 的，须提供资金来源说明表，超过 25% 或 50% 的，还须提供未来增资资金来源准备说明。

③注重对股东进行分类监管

一是需要将监管的重点放在获取保险公司控制权上。二是需要根据持股比例和对保险公司经营管理的影响实施不同的监管。《保险监管核心原则》要求在法律上对保险人的控制权进行明确定义，针对控制权变动提出监管的基本原则。在美国《保险控股公司体系监管法案》中，并购交易并非出于改变或影响保险人控制权的目的且实际上也未产生上述结果的，或者购买证券单纯为了投资的，可不适用相关规定。我国台湾地区对持股超过10%、25%、50%者，分别设定了不同的资质条件和申请核准资料要求，且持股比例越高，要求越高。例如，对于持股超过50%者，增加了确保投保人及员工权益、具备专业能力经营保险公司、长期经营承诺、财务能力足以满足未来十年增资需求的条件。

④重视保护保险消费者权益

保险公司股东的经营理念、方针和行为通过董事会、高级管理层影响到公司的经营管理，进而对保险消费者的切身利益产生影响。重视保护保险消费者权益是国际保险公司股权监管的一条重要经验。《保险监管核心原则》规定，如保险公司控制权变动对投保人产生重大不利影响，监管部门应拒绝申请。美国采取听证会方式审核保险公司控制权变动，组织保险消费者等相关群体广泛参与，如发现可能损害投保人的利益、对投保人不公平不合理、对广大保险消费者有害或不利，则不予许可。在我国台湾地区，同一人或同一关系人拟持股超过50%的，除其他要求外，还应提交投保人及员工权益保障的承诺及具体计划申请核准。

### 2.2.4　中国保险公司股权监管分析

中国保险监督管理委员会（以下简称中国保监会）为进一步加强国内保险公司股权监管，着力整治市场乱象，在通过两次征求意见稿后，对《保险公司股权管理办法》（以下简称《办法》）作出了全新的修订，《办法》于2018年3月7日发布，并在同年4月10日正式施行。

（1）保险公司股权监管的主要内容

新修订后的《办法》包含九章内容，共九十四条法规，涵盖了对保险公司股权监管的三个方面：一是对投资入股保险公司的股东作出相关限制。从第一章至第四章，内容包括对股东资质、保险人股权取得方式以及入股资金的相关规定。二是对保险公司股东作出相关限制。《办法》第五章与第六章规定了保险公司股东的行为规范和股权事务管理规则。三是对股权监督与管理作出了相关限制。《办法》第七章与第九章表明了对股权监管的原则、方式以及相关违规的处理措施。目前，中国银保监会将以保险公司股权监管为重心，侧重于监督管理以下几方面：

①股东资质方面

相较于《保险公司股权管理办法（2014 年修订）》（中国保监会令 2014 年第 4 号，以下简称《原办法》），新修订的《办法》对保险公司股东的分类作出了明确的细分与归类。较之于将股东依据归属地划分为境内企业法人股东与境外金融机构股东，《办法》将根据股东的持股比例划分为战略型股东、财务型股东（Ⅰ型股东、Ⅱ型股东）和控制型股东。《原办法》仅对保险公司股东准入作出条件规定，但并未给出不符合的相关条件。新修订的《办法》增加了对境内有限合伙企业、境内事业单位和社会团体、境内外金融机构资质的特殊规定，还进一步设立了市场准入负面清单，股东资质扩展至对经营状况与信用等级的评定。股东具体分类与资质要求如下：

第一类，财务Ⅰ型股东。指持有保险公司股权未达 5% 的股东。

第二类，财务Ⅱ型股东。指占有保险公司股权份额在 5% 至 15% 区间内的股东。

第三类，战略型股东。指持有保险公司股权份额在百分之十五到三分之一区间内的股东。或者其出资额、持有具有表决权的股份已足以对保险公司股东（大）会的决议产生重大影响的股东。

第四类，控制型股东。指占有保险公司股权三分之一以上的股东。或者其出资额、持有具有表决权的股份已足以对保险公司股东（大）会的决议产生重大影响的股东。

②股权结构方面

《办法》在惩治股权滥用、非法利益转移等问题上，采取了一系列的规章措施对股权结构进行监管，其中主要包括：

一是下调股东持股比例。除控制型股东以外，其他单一股东的持股比例上限由百分之五十一降为三分之一。此外，单个境内合伙企业持股比例限制在 5% 以内，多个境内有限合伙企业合计持股比例限制在 15% 以内。

二是明确了股权转让的锁定期。为保持股权结构的稳定，《办法》规定控制型股东起初五年内不得转让股权所有；战略型股东股权锁定期为三年；财务Ⅱ型股东股权锁定期为两年；财务Ⅰ型股东股权锁定期为一年。

三是规定了持股比例的计算方式。《办法》规定应合并计算股东与其一致行动人、关联方的持股比例。同时还限制了以上三者的股东结构，投资人及其关联方、一致行动人成为经营同类业务的保险公司的控制型股东的家数不得超过一家，且最多成为两家保险公司的控制型股东和战略型股东。

③资金来源方面

此次《办法》对保险公司投资人的资金来源作了进一步的规定，在《原办法》规定资金来源必须为自有且合法的基础上，新增投资者不得以第三方渠道非法逃避自有资金的监管规定，例如设立持股机构、转让股权预期收益权等方式。其次，《办法》对投资者所用资金的类型作了严格限制。规定投资人出资类型不得为以下形式：一是与保险公司有关的借款；二是资金源自于保险公司存款或以其他资产的担保为条件；三是非法以保险公司影响力或与保险公司的不正当关联关系获取的资金；四是资金源自于保险资金或其相关投资取得的收益。

④穿透监管原则

穿透监管原则围绕保险公司成立、运营以及破产清算等一系列环节。与《原办法》相同的是，新修订的《办法》将穿透监管原则落实到条文规定，并明确了以下监管措施：首先，引入一致行动的概念。《办法》首次明确了"一致行动"的概念，即投资者通过协议等方式与第三者共同增大对同一个保险公司的表决权的行为或事实。并进一步明确了一致行动人的划分范围。投资人的董事、监事或者高级管理人员中的主要成员，同时担任另一投资人的董事、监事或者高级管理人员；投资人通过银行以外的其他投资人提供的融资安排取得相关股权；投资人之间存在合伙、合作、联营等其他经济利益关系。其次，对股东实际控制人进行备案管理。股东需按照《办法》中的规定，及时将其实际控制人的相关信息和变更行为上报给保险公司，同时也应在银保监会备案。股权实际控制人的变更未向银保监会备案或违反《办法》中的其他规定的，不享有股东大会参与权和表决权等其他股东权益。

⑤监督问责制度

相对于《原办法》而言，新修订的《办法》对保险公司股权的监督问责机制作了更加详细规定，除了阐述保监会的监管要求外，对违反《办法》的股东处罚措施进行了细致描述。包括责令改正、限制股东权益及其投资活动，情节严重的可责令转让所持股权及撤销行政许可等。此外，《办法》还将通过股权信息披露、各公众渠道反馈等社会监督手段作为上述监管措施的补充，以构建全面、多层次的股权监管。

此次《办法》的全新实行不仅对上述重点监管内容进行了革新，而且对保险公司的内部风险管控能力、股权信息公开披露及相关资料的报送提出了更高的要求。总之，较之于《原办法》而言，《办法》不仅在规章条款上更为细致和完善，对促进保险公司股权管理也具有极其重要的意义。

（2）与《二次意见稿》的主要区别

2017年7月，保监会发布了《二次意见稿》，开始向社会各群体征求修改意见。《二次意见稿》先于《办法》出台，而新修订的《办法》在基本继承《二次意见稿》的整体框架与内容后，对保险公司股东准入条件、股权管理制度及监督制度都进行了极为细致和严格的规定。具体而言，二者区别有以下三方面：

①股东准入

第一，股东资质。虽然《办法》中对各类型股东的资质要求未作出重大调整，与《二次意见稿》不同的是，《办法》在将保险股东分为四大类的基础上，对相应的部分做了以下改动：一是调整了相关股东的股权结构。要求战略型股东持有的保险公司股份数额上调至"不足三分之一"。而《二次意见稿》中该部分比例为"不足百分之三十"。二是限制战略型股东的投资规模。规定战略型股东的权益性投资余额不得超过净资产。三是更加注重股东资质负面清单。与《二次意见稿》相比，《办法》删除了严重失信记录"最近三年期间"的规定，修改为"因严重失信行为被国家有关单位确定为失信联合惩戒对象且应当在保险领域受到相应惩戒"，加强了对股东信用的审核条件。四是鼓励和引导资金流向保险。以政策导向为支撑，支持具备良好风险管理能力、养老服务专业能力及科创能力的投资人进入保险业。

第二，股权取得。在股权取得方面，《办法》正式引入"一致行动人"一词，并对其概念进行了清晰定义。与《二次意见稿》相比，《办法》扩展了投资者关联方的适用范围，包括投资人及其关联方、一致行动人。而不仅仅受限于持股比例合并计算、竞业限制等规定。保监会的这一举措有利于分散保险公司股权、防范股东权利滥用，是在降低股东持股比例、限制投资者及其关联方投资行为等规定出台后，防止保险公司股权过于集中的重要手段。

②股权事务管理

《办法》在股权事务管理方面做了轻微的调整，但基本沿用了《二次意见稿》的构架与核心思想。改动的主要内容包括：一是要求保险公司构建股东内部风险隔离机制，确保单个股东及其关联方的风险独立可控，防范风险在股东、保险公司及其他机构之间传导。二是严格规定股东应如实向保险公司上报其有关信息。三是要求保险公司应按照规定的要求披露股权信息，并制定更加细致的报告制度。上述改动内容主要是针对保险公司内部管控，银保监会不但需要对保险公司实行有效监管，更需发挥行业的自律作用，将其对股东的内部管理合规化、严格化，从根源上防范相关风险。

③对保险公司股权的监督管理

从《二次意见稿》到新修订的《办法》实行，银保监会对保险公司股权监管态度愈加强势，监管原则与措施方面也更加严格。《办法》中正式提出了穿透审查与实质认定原则，并明确规定银保监会可按监管要求向股东索取审计报告、经营管理信息及股权信息等材料。银保监会还可采取相应的监管措施对股东及其关联方的财务会计报表信息进行查询、复制。多样化的监管手段是保险公司股权监管的必然趋势。

（3）对《办法》中若干问题的解释

虽然《办法》对投资人入股前和入股后的规则以及与股权相关的监督管理办法做了详细规定，但在具体实施的过程中还存在较多不明之处。基于目前的项目实施经验整理分析如下：

①境内有限合伙企业投资入股保险公司相关问题

《办法》中规定符合条件的单一境内有限合伙企业作为保险公司股东，其持股比例不得超过5%，即境内有限合伙企业可以成为财务Ⅰ型股东或持股5%的财务Ⅱ型股东。但《办法》将新成立的境内有限合伙企业排除在外，而在实际项目试验中，境内有限合伙企业存续期有限且较短，其往往通过募集资金设立的方式成为保险公司股东。因此，新设立的境内有限合伙企业的准入条件应根据市场环境与其自身具体情况而定，例如募集的资金是否合法合规、有限合伙人的背景等。

此外，境内有限合伙企业自身资质也是准入条件的考察点之一，《办法》规定境内有限合伙企业须符合层级简单、结构清晰等条件，但具体的认定标准还不明晰。实际项目经验表明，境内有限合伙企业的有限合伙人中还存在其他关联方，即其机构中存在多层嵌套，包括其他境内有限合伙企业或信托、证券等资金来源复杂的金融机构。银保监会应对此类境内有限合伙企业进行严格审查，明晰资金来源渠道。

再者，明确股东的实际控制人是保险公司需要特别关注的问题。在境内有限合伙企业中，企业事务的执行权不同于决策权，是否具有合伙企业的实际控制权需要综合投资关系、企业内部影响力、重要人员提名及任免表决权以及相关收益分配权等来进行判断。

整体而言，监管机构对审核境内有限合伙企业准入保险公司的条件持严谨态度，严格按照《办法》中的相关规定与流程进行评定。

②境内信托公司、证券公司等金融机构准入保险公司的相关问题

境内金融机构准入保险公司需满足《办法》的相关规定，同时还应当符合法律法规及其所在行业的金融监管规定，但在实际项目经验中也存在较大出入。因为境内金融机构（如信托公司、证券公司）的入股资金来源很难明晰，监管机构在对其准入资质进行审查的同时，着重关注入股资金的渠道来源。因此一直以来，监管机构对这些境内的金融机构准入保险公司持较为审慎态度。

③关于投资人成立年限的要求

《办法》并未对投资人的成立年限作出明确要求，只是规定了持续盈利的最近会计年度。对财务 I 型股东连续盈利的最近会计年度要求为一年，财务 II 型股东为两年，战略型股东、控制型股东的要求为三年。但会计年度与成立年限的口径不一致，《办法》的上述规定是否意味着投资人只要能够出具最近年限的盈利会计年度报告，即可达到标准，又或是投资人必须成立满一定年限，其中存在一定的疑义。据所了解的项目经验表明，投资入股保险公司的相关投资人资信评级必须达到一定标准，包括三年内无偷漏税记录、无重大失信行为记录、无重大违法违规记录等条件。而且除境内有限合伙企业外，投资者准入保险公司成为对应股东的必须成立满一年／两年／三年。结合实际经验与前述规定来看，投资者满足最近一个／两个／三个会计年度连续盈利的要求时，亦

要其满足相应的成立年限。这一解读符合监管的硬性要求和监管精神的贯彻，监管机构可能试用同样的规则解读《办法》相关规定，未满足成立年限的投资者，在投资入股保险公司时很可能会因此而受到限制。

④关于财务指标的口径

与《二次意见稿》中对财务指标口径定义方式不同，《办法》删除了"相关财务指标均以合并会计报表口径为准"的规定，但并未明确股东资质的进一步认定标准。是以合并会计报表口径为准还是以非合并会计报表口径为准，又或是以将二者相结合的监管方式，《办法》没有作进一步的明确。实际项目经验表明，监管机构在这一方面不但要求投资人应在合并会计报表口径下符合审核标准，在非合并会计报表口径下同样也需满足。新修订的《办法》是否能够改变这一实操口径，需要着重关注监管机构未来监管的具体要求。

此外，《办法》的适用范围由中资保险公司扩展至外资股东占股 25% 以上的保险公司，同时降低了外资的准入门槛。监管机构于 2017 年 11 月大幅放宽外资准入条件，计划三年后在经营人身保险业务的保险公司中，外资持股比例放宽至 51%，五年后国外投资者的投资比例不受限制。同时也放宽了外资进入其他金融机构的条件，如进一步上调外资投资证券公司、基金管理公司、期货公司、银行和金融资产管理公司的投资比例。可以预见，保险行业进一步对外开放、外资占比不断提高将是未来的发展趋势，银保监会如何调整监管措施与准入规则，我们将拭目以待。

（4）中国保险公司股权监管的新特征

①考虑因素的综合性

一直以来，我国监管以实质为核心，强调严格监管原则，金融监管也不例外。正是因为经济系统在运行中的每一环节都受到其他因素干扰，若不考虑成本约束，严格监管原则完全适用。但由此带来的弊端是提高了纳税人的负担。监管范围扩大、监管程序冗杂会大大提高监管成本，最终将由纳税人埋单。如监管机构规定股东最近三年内无偷漏税记录，按照有关规定上报并缴纳税费。但事实上偷税与漏税的问题性质不同，大部分股东具有集团化的经营性质，拥有数量众多的子公司，想要完全杜绝漏税行为似乎不可能。意见稿对控股型股东的财务标准要求过于严格，为了监管而监管只会加大监管成本、损失监管效率。监管不是万能的，完全依靠监管层来监督管理保险市场，实际上不可行，最终将影响市场活力，徒增纳税人的成本。

②原则使用的辩证性

制定监管政策需要依据各项原则，会涉及社会各阶层的相关利益。因而原则的使用应具有辩证性，不能单向强调，应有所限制。例如在市场经营与企业管理中强调实质重于形式原则，有利于提升决策效率。但在法律监管领域则不完全适用，过于强调实质会影响到法律法规的实操弹性，增加了监管者的裁量自由度从而影响执法公正。与此相反，在法律监管领域更应注重形式与程序的重要性。例如穿透式监管的主要目的是找出股东的实际控制人，防止投资人利用层层嵌套来隐藏其实际控制人。穿透式监管主要针对的是过去投资人设置控股公司或者有限合伙企业间接持股的情形。问题是即便投资人利用层层嵌套方式来间接持股，其本身并不能逃避监管，只会增加监管机构的工作量与监管成本。因而部分一致行动股东或者是代持股东大都心照不宣，虽然目前都有工商注册登记资料可查，但是对于那些无合作协议汇报的一致行动股东或者代持股东而言，无疑是增加了监管机构运用实质重于形式原则的难度。

③监管政策的动态性

近几年，国内保险市场与资本市场联系越来越紧密，此次征求意见稿的制定不但契合了目前金融监管的严格要求，对于保险监管来说也具有划时代的意义。虽然我们对金融监管的期望较高，希望以高站位、新视角、大格局来看待当今的监管布局，而意见稿的严格标准也势必会对一些投资者准入保险市场构成障碍，但未必会打压其申请保险牌照的热情。以历史的眼光看待目前的保险监管规则，我们可以理解把险资牌照、险资股东资格作为重点监管内容的原因。当今社会经济在不断发展和变化，险资增资也经历了由难到简的变化，绝不能说过去的监管方式毫无意义。中国今后的保险业将如何发展，我们还不得而知。二十年来，中国乃至亚太地区经济发展稳定，尚未发生过较大的经济危机。若放在20世纪90年代来看，在目前保险监管规则下，有能力且能够进入保险公司的股东少之又少。因此，监管机构对未来保险公司的股权监管措施应是一个在宽严间选择的过程，要及时捕捉行业动态变化趋势，以动态、与时俱进的方式选择适用有形之手与无形之手。

### 2.2.5 加强保险公司股权监管的有关建议

（1）加强立法保障

《中华人民共和国保险法》对保险公司设立有较为详尽的规定，而对股权变动，只规定"变更出资额占有限责任公司资本总额百分之五以上的股东，或者变更持有股份有限公司股份百分之五以上的股东"理应得到保险监督管理机构的批准。目前，保险公司股权监管制度体系主要由《保险公司股权管理办法》《保险公司收购合并管理办法》《保险公司控股股东管理办法》《关于进一步加强保险公司股权信息披露有关事项的通知》等部门规章和规范性文件构成。建议积极主动地争取在《中华人民共和国保险法》中细化保险公司股权监管的有关规定，为股权监管提供更加强有力的法律保障。

（2）强化股东关联关系监管

目前，对保险公司股东关联关系的认定主要是依照《中华人民共和国公司法》和《企业会计准则》的相关规定，《保险公司关联交易管理暂行办法》确切表明了保险公司关联方的界定规范，但未涉及保险公司股东之间关联关系的认定。鉴于保险公司股东关联关系认定比较复杂，且存在股东通过多种形式规避监管的情况，建议参考中国证券监督管理委员会《上市公司信息披露管理办法》的相关做法，依照实质重于形式的原则，赋予监管部门一定的认定保险公司股东关联关系的自主权限，完善认定规范，便于厘清股东与股东之间的相关关系，防止有超比例持股、一股独大的潜在风险出现。

（3）完善内外部监督机制

保险公司股权涉及诸多利益相关方，社会关注度高，建立内外结合的全方位监督体系显得尤为重要。提议督促保险公司加强股权信息的披露，充分发挥好社会的监督作用。在对保险公司股权变更、增资的监管过程中，通过实地考察、座谈等多种方式广泛听取保险公司股东、员工、保险消费者等方面的意见和建议，以进一步提高监管决策的科学性。建立健全举报机制，打击股权代持、表决权转让、一致行动约定等规避监管的各种行为。

（4）注重分类监管和协同监管

一方面，根据股东持股比例以及对保险公司经营管理的影响，区分股东不同性质，设定不同的标准和要求，进行有针对性的分类监管。另一方面，我国保险公司的股东类别大致可分为国有企业股东、民营企业股东、上市公司股东，在监管方式方法上宜有所侧重。同时，由于不同类型的股东受不同监管部门监管，建议加强与国资监管部门、工商行政管理部门、银行业及证券监管部门等有关部门的沟通协作，建立信息共享和协同监管机制，在监管标准和要求等方面建立共识，形成监管整体合力。

## 2.3 保险公司治理结构监管分析

为着力健全风险防范的长效机制，切实提高保险公司治理的有效性，中国银保监会发布《保险公司章程指引》（以下简称《章程指引》），进一步加强公司治理规则体系建设，提高公司治理监管工具的多样性，稳固公司治理制度基础。

《章程指引》的发布是银保监会从抵御公司治理风险根源着手，稳固公司治理结构基础的一项重要举措，也对进一步健全公司治理机制和提高公司治理有效性具有重大意义。接下来，银保监会将持续加强公司治理规则体系的建设，强化公司治理监管硬性要求，着实有效地提高公司治理的科学性。

### 2.3.1　保险公司治理结构监管的背景

保险公司章程是管理公司的组织和行为，对公司及其股东、董事、监事、管理层等各主体权利义务进行规定，并且具有一定法律约束力的重要文件，也是规范公司治理结构的制度基础。银保监会重点强调公司章程在规范公司治理过程中起到的基础性效力，2008 年出台了《关于规范保险公司章程的意见》，对规范保险公司的章程内容，明晰章程制定、修订程序，起到了强有力的指示引导作用。但考虑到近年来部分保险公司出现的治理风险，部分公司治理的基础制度依旧存在薄弱的地方，尤其是作为公司基本法的公司章程，依旧存在着不完整、不完善的问题，这给公司治理运作留下了一定隐患，急切需要从进一步规范章程着手，针对公司治理本源制度安排来更好地提升公司治理的有效性。

这次制定《章程指引》目的在于通过规范章程必备条款的手段，增强对保险公司的监管引导，以坚持公司自治为基础，为保险公司修订章程提供规范性的标准，强化保险公司治理的结构基础，进一步稳固风险防范的长效机制。

### 2.3.2　《章程指引》对加强公司治理监管的意义

《章程指引》的发布是银保监会从抵御公司治理风险根源着手，稳固公司治理结构基础的一项重要举措，也对进一步健全公司治理机制和提高公司治理有效性具有重大意义。

一是有利于化解处理公司治理风险隐患。参照保险公司治理实践和风险典型案例，部分公司存在章程基本事项缺失，授权机制不明确或者过度、笼统、长期授权，公司主要人员替代和递补机制不明确，董事提名产生机制缺失以及"生前遗嘱"缺失等问题，这些问题给公司在治理运作中留下了一定的风险隐患，从而成为产生公司治理僵局、内部人控制、治理机制失衡的重要根源。这次《章程指引》对保险公司章程必备条款进行了规范，强化了公司治理的结构基础，有利于从根源上防范和消除公司治理风险隐患。

二是有利于强化公司治理硬性要求。《章程指引》着重针对公司治理运作的主要风险和章程制定中的突出问题，参考法律和规范性文件，以公众公司为模板，坚持公司自治，考量行业的特点，使得保险公司章程的必备条款再次明确。《章程指引》既为保险公司章程的制定提出了更为明确的条件，也为监管机构审核公司章程提供了制度参考，有助于引导推动公司治理监管从"柔性引导"向"刚性约束"转变，进一步加强了公司治理监管约束力。

三是有利于丰富公司治理监管工具。近些年来，银保监会出台公司治理监管制度办法 20 余项，《章程指引》促进了监管要求和公司章程的切实有效结合，通过章程形式，对公司治理机制主要过程加以明确，把监管要求转化为公司的内在要求，切实发挥了基本法的积极作用，促进公司治理更加严谨和规范。同时，《章程指引》进一步提升了公司治理监管探索的多样性，成为加强公司治理监管、防范公司治理风险的关键抓手和有效手段。

### 2.3.3 《章程指引》的主要内容

《章程指引》共 14 章 82 条，其针对近年来保险公司治理运作中的主要风险和章程制定中出现的突出问题，以《公司法》《关于规范保险公司章程的意见》为基础，在公众公司的标准之上，以风险监管为视角，完善了保险公司制定章程应涵盖的必备条款，着重针对公司治理运作中的主要风险点提出明确规定。

一是关于股东权利义务。《章程指引》要求，股东不仅享有基本权利，公司也应当依照法律法规和监管规定，确定股东享有董监事提名权，并将具体的提名规则指出；明确了在董事、监事、高级管理人员违法违规，给公司造成损失或损害股东利益现象发生时，股东有权利直接向银保监会反映。而股东除了应承担的基本义务外，在公司偿付能力不足、发生风险事件或重大违规行为等情况明确发生时，股东应配合监管部门采取措施；明确要求股东质押不得损害其他股东和公司的利益，不得约定由质权人或其关联方行使表决权；对股东本身发生重大事项变更、与其他股东产生关联关系时及时报告也提出了确切的要求。与此同时，对控股股东应履行诚信义务等要求也在章程中予以约定规范。

二是关于授权机制。《章程指引》对股东大会、董事会具体职权都进行了详细阐释，授权公司应按照具体情况规定总经理职权。并要求在章程中，必须确定以下项目的具体额度比例或内容：需由股东大会审议批准的重大对外投资、重大资产购置、重大资产处置与核销等，以及在股东大会授权范围内需由董事会审议批准的相关事项。同时，明确股东大会的法定职权不得以授权的方式由董事会或其他机构或个人代为行使，董事会法定职权原则上不得授予董事长或其他个人行使，如若必须，则要一事一授权。

三是关于表决决议机制。《章程指引》明确规定了需由股东大会以普通决议、特别决议通过的具体事项，股东大会、董事会审议关联交易时关联股东的回避原则及表决规则，以及股东大会选举董事、监事的表决规则。《章程指引》规定在审议关联交易事项时，关联董事不得行使或代理其他董事行使表决权，关联股东不得参与投票表决，有效表决总数也不包括他代表的有表决权的股份数。明确对公司有单个股东（关联股东或一致行动股东（关联股东或一致行动人合计）持股人合计）持股比例超过二分之一的，选举董事、监事表决时应实行累积投票制。关于董事会、监事会会议表决的规则，也要求公司在章程指引中按照相关的监管规定予以规定。

四是关于独立董事和监事会。《章程指引》规定公司在章程中明确独立董事的提名方式、职责权利、失职情形以及相对应的处罚措施。要求公司在章程中列明独立董事对重大关联交易的公允性、内部审查程序执行情况以及对被保险人权益的影响进行审查，向董事会提出召开临时股东大会的请求、提议召开董事会，独立聘请外部审计机构和咨询机构等特别职权。规定独立董事理应对特殊事项发表意见，且在对相关事项投弃权或反对票时，又或认为发表意见存在障碍的，应当实时向公司提交书面意见并向银保监会提出报告。《章程指引》对监事、监事会的相关职责、权利义务等均提出了对应的要求，要求公司在章程中应予以规范。

五是关于公司治理特殊事项。《章程指引》指出，公司在章程中需明确董事长、总经理等主要负责人的替代和递补机制，保证关键岗位及关键人员履职到位。要求公司通过订立"生前遗嘱"的方法，在章程中预先安排公司治理机制失灵的情况、公司可采用的改正方法以及内部纠正程序不能解决问题时请求银保监会指导的程序。其中规定，公司、单独或合计持有 1/3 以上公司股份的股东、超过 1/2 董事均有权向银保监会申请对公司的监管指导。同时，以偿付能力监管视角为例，在公司发生偿付能力不足或银保监会责令增加资本金等情况下，不能增资或不增资的股东理应同意其他股东或投资人使用合理有效的方案进行增资。

### 2.3.4 《章程指引》的适用范围及对保险公司的影响

（1）适用范围

考虑到保险公司组织形式的差异，以及公司治理架构和治理运作存在的明显差别，因此，《章程指引》把股份制保险公司章程作为模板，对它进行了规范，其适用于股份制的保险集团（控股）公司、保险公司、保险资产管理公司，其他组织形式的公司参照执行。同时，上市保险公司也应当遵守中国证监会对上市公司章程的其他相关规定。

（2）对保险业的影响

《章程指引》使得保险公司构建了更为健全的公司治理架构，对形成良好的公司治理运作机制具有极为重要的意义，是进一步加强深化保险公司治理监管的重要举措。下一步，根据《章程指引》将集中完善下述工作：一是规定公司按照《章程指引》的要求拟定或修改公司章程。而对于保险公司的筹建和开业验收进行申请的，理应按照《章程指引》的规定来进行起草制定或修改公司章程草案，其他保险公司也要在 2017 年底前对公司章程进行相应修订。二是要求公司对增加或修改《章程指引》的内容作出一定阐述说明。在符合法律法规及《章程指引》的前提下，允许保险公司在章程中添加相对应的内容以及对《章程指引》规定的内容做一定的文字或顺序的改动，但也需要对添加或修改的内容作出解释说明。三是在主要依据《章程指引》的前提下，积极开展保险公司的章程审批工作，并着力于审查公司章程遵循情况，从基础上加强保险公司治理的规范性和有效性。

## 2.4　保险公司偿付能力监管

自从 2016 年"偿二代"正式实施，其产生了显著效力，给我国保险监管和保险市场带来了一系列的重大变化。一是推动了保险监管的现代化建设，建立起了一个以风险为导向、符合我国实际并且能与国际情况接轨的三支柱偿付能力监管体系；二是增强了保险业的风险管理意识，提升了风险管理能力，增强了抵御风险的实力；三是加快促进了行业转型升级，使保险公司日常经营和管理的诸多环节都融入了风险管理意识，带领行业重视本源，积极支持实体经济；四是提高了我国保险监管和保险市场在国际上的影响力，也为国际监管规则制定及保险业治理提供了新兴市场的经验。伴随着国内金融保险市场的内外部环境和风险状况变动，保险市场和偿付能力监管治理将遭遇新的风险和挑战。

为更好地修补制度短板和监管漏洞，提高保险业管理和抵御风险的能力，银保监会开展了"偿二代"二期工程建设，在广泛征求和吸取各方面意见后，制定出了《"偿二代"二期工程建设方案》（以下简称《方案》），计划用约 3 年的时间，通过完备监管规则、健全运行机制、增强监管合作，继续推进"偿二代"政策的正式落地和全方位升级。

### 2.4.1 "偿二代"二期工程建设的必要性

（1）为"管住后端"发挥实效

中国的"偿二代"正式实施已达一年时间，目前启动"偿二代"二期工程，能进一步完善监管规则。这既是市场发展和强化监管的要求，也是"偿二代"自身逻辑的演变。我国保险业的第一代偿付能力监管标准，也叫作"偿一代"，于2003年开始。随着这些年来保险行业的迅猛发展，2012年3月，保监会发布了《中国第二代偿付能力监管制度体系建设规划》，启动"偿二代"工程建设。该项目于2015年2月进入双轨并行试运行过渡期，到2016年，"偿二代"正式实施。不同于规模导向的"偿一代"，"偿二代"进一步注入风险因素，在保证更加全面地反映保险公司的产品、投资、再保险等风险，助推保险公司业务发展的基础上，也统筹考虑了风险和资本。数据显示，在"偿二代"试运行初期，全行业共有13家公司偿付能力不达标，高于"偿一代"政策下的2家。

从"偿二代"正式实施一年来看，保险公司的产品结构、业务品质、资产质量不断提高，资本内生能力显著增强，行业偿付能力保持了稳定，不达标的公司持续减少。根据2016年第四季度偿付能力数据和风险综合评级结果，162家保险公司中，风险较高的C类公司有1家，D类公司为2家，合计占比仅为2%。截至2016年底，仅有2家寿险公司综合偿付能力充足率未达到100%的监管要求。"偿二代"在监管理念、监管框架、监管标准等方面，改变了过去与欧洲、美国监管体系的区别，与国际主流保持了一致。这在促进资本和效率最优配置的同时，给中国保险行业规定了一个系数，对风险大的，其资本要求更高，风险小的，资本要求就低，这比"偿一代"的风险管控更为精确。

（2）空白地带亟待填补

伴随着"偿二代"的不断推进和实施，业内对其在风险管控、促进业务结构转型上的作用有了更深的了解。"偿二代"对于推进寿险、健康险等业务结构转型有非常大的帮助。偿付能力是一个杠杆，它既对好的业务有正向意义，也对不好的业务有惩罚作用。在"偿二代"指引下，保险公司的投资方向正在发生转变，其比例也更加适合市场需要，同时保证了投资的收益。但少数保险公司用于增加偿付能力的资本存在不实，它们利用复杂的金融产品和资产管理计划等途径，把保险公司自身的资金用来自我注资、虚假增资。资本充足性、全面风险管理、市场约束机制这三者的监管是"偿二代"的三大支柱，如果企业隐瞒信息、数据造假，会阻碍偿付能力体系的效果。

虽然"偿二代"在整体上较好地维护了保险业近两年市场化改革的顺利进行，但伴随市场的迅速发展，一些新情况、新问题也逐渐出现。例如，目前仍然缺少对保险资管公司、养老保险公司、相互保险公司、自保公司等新型组织形式的风险识别和分类监管评级。此外，由于行业资产端的创新合作较多，对新型资产风险识别也比较缺乏，于是一些监管细则仍可进一步明确和完善。再者，制定"偿二代"时所采用的数据来自过去 10 年，我们应加入近年的新数据，更真实地展示当前市场的风险情况。作为管理风险的公司，风险管理能力是保险公司的核心竞争力，但有些公司的风险管理能力与这个要求还存在比较大的差距。

### 2.4.2 "偿二代"二期工程建设的总体目标

"偿二代"二期工程建设的总体目标有四点：一是以风险管理为导向，加强偿付能力监管制度体系的风险针对能力，风险覆盖面再次扩展，提高风险计量的科学性和风险管理的有效性，更加及时、合理地反映保险业偿付能力和风险变化的实际情况；二是坚持以问题治理为导向，治乱象、降杠杆、强执行，要从严从实加大对资本的约束力度，提高监管政策的传导能力，改进保险业风险管理的水平和风险抵御的能力；三是坚持开放导向，积极为国际审慎监管规则和金融治理体系贡献中国经验和中国方案，持续加强国内与国际监管合作，防范跨市场、跨领域、跨地区交叉性金融风险；四是坚持前瞻导向，紧密追踪金融科技发展的最新方向，持续提升监管科技水平，研究探索新科技条件下保险业审慎监管的新理念、新方法和新工具。

### 2.4.3 "偿二代"二期工程的主要内容

"偿二代"二期工程包含三项大任务和二十六项具体任务，采用边建设、边实施的工作思路，坚持开门搞建设，采用项目负责制和专家咨询制，将全行业的力量集中起来，切实做到公开透明，计划使用三年左右的时间，促进"偿二代"的扎实落地和全方位升级。具体来看，三大任务为完善监管规则、健全运行机制和加强监管合作。其中，完善监管规则包含15项具体任务，重点解决当前存在保险公司的资本不实、关联交易复杂、资产不实、多层嵌套导致底层资产不清、产品不透明、非理性举牌、局部流动性风险突出、保障功能发挥不足等问题和制度漏洞。而健全运行机制包含6项具体任务，旨在确保"偿二代"实施到位，增强偿付能力监管的执行力。包括建立常态化、多元化的偿付能力数据真实性检查制度，逐步建立多维、立体、开放的偿付能力风险分析监测体系，跟踪云计算、大数据、人工智能、区块链等金融科技的发展趋势，开展监管科技的应用研究等。加强监管合作包含5项具体任务，推动国内监管合作与国际监管合作。在国内监管合作方面，推动建立和积极参与金融审慎监管的合作机制，强化与人民银行、银监会、证监会、外汇管理局等相关部门的审慎监管协调，切实防控好跨市场、跨行业、跨领域的各类交叉性金融风险；在国际监管合作方面，加强与其他国家（地区）尤其是"一带一路"沿线国家（地区）的偿付能力监管合作，积极参与国际监管规则制定等。

"偿二代"二期工程将实行急用先行的方法，合理安排建设进度，首先重点实施实际资本评估、资产风险最低资本、流动性监管规则、数据真实性检查制度等较为急迫的工作任务，与此同时扎实有序地推进其他各项建设任务，确保二期工程建设的系统性、针对性和实效性。

### 2.4.4 对保险业的影响展望

（1）影响另类资产配置

总体而言，由于资产端的创新多、跨界多，监管难度更大，对偿付能力充足率的影响也比较显著，所以"偿二代"二期工程主要是完善资产端制度。保监会数据显示，截至 2017 年 7 月底，保险资金运用余额达到 144264.58 亿元，相比年初增长了 7.73%。其中，银行存款占比 13.58%，为 19588.12 亿元；债券占比 34.58%，为 49882.54 亿元；股票和证券投资基金占比 12.76%，为 18412.73 亿元；其他投资总共占比 39.08%，达到了 56381.19 亿元。《方案》中提出了 15 项具体任务来完善监管规则，进一步提高了对股票、股权投资、房地产投资集中度的要求。针对金融机构资本金管理方法对投资品种设置的资本占用风险因子会因此提升，如果资本占用额度用光，一些资产就不能投资，从而能减少保险公司配置此类资产的欲望，避免集中投资在高风险项目。虽然"偿二代"二期工程没有直接限制险资对另类资产的配置，但是总体上可以抑制资产向这方面的配置。

（2）中小保险企业资金压力加大

身处"偿二代"时代，保险企业的偿付能力都有所下降，不少保险企业已经制订了增资计划。自 2016 年起，约 50 家保险企业实施了增资，其中，超过 40 家企业实施了全年增资，从 2017 年开始，又有 17 家企业有了增资需求。中国保险行业协会披露的数据显示，到 2017 年 8 月底，已有 17 家保险公司宣布了增资计划，拟增资金额总共达到了 302.67 亿元。除了增资，中小保险企业也必须通过调整业务、产品结构以及借助外部资本，比如发行资本补充债等措施来补充工具，以此迎合"偿二代"监管体系。

## 2.5 保险资金监管政策分析

为进一步抵御风险，完备保险资金运用管理和监管机制，保监会对 2014 年 4 月 18 日发布的《保险资金运用管理暂行办法》（以下简称《暂行办法》）进行了相关修订，并于 2018 年 1 月 26 日发布了最新的《保险资金运用管理办法》（以下简称《管理办法》），该法规于 2018 年 4 月 1 日起推行实施。

### 2.5.1 保险资金监管背景

2016 年 3 月，保监会就修订《保险资金运用管理暂行办法》在其官网广泛征求建议；当年 5 月 5 日至 6 月 5 日，通过中国政府法制信息网进一步向社会公开征集意见；2017 年初，向北京等六个省份人民政府和证监会等相关部委定向征求意见。历经近 23 个月的征求意见、讨论研究，《保险资金运用管理办法》终于在 1 月 26 日露面，并定于 4 月 1 日起正式推行实施，而此前运行了近 8 年的《保险资金运用管理暂行办法》在新管理办法运行的同时废止。通过广泛征求意见，保监会收到近 20 条各类反馈建议，提出的反馈建议大多集中在保险资金运用的管理模式、保险资金投资保险资产管理产品以外的其他金融产品等方面。

总而言之，各界均给予了《暂行办法》较高的评价，普遍觉得该《暂行办法》积极促进保险资金服务实体经济，体现了"监管姓监"的理念，加强了保险资金运用的风险防范，深化了保险资金运用的改革。此次修订目的在于更好地贯彻实施党的十九大、中央经济工作会议和全国金融工作会议精神，以进一步抵御风险和深化改革，完善健全保险资金运用管理和监管机制，提升保险业服务实体经济能力。而《管理办法》不仅充分展现了审慎监管的理念，顺应了保险资金运用实践要求，而且为加快保险资金运用稳健发展和防范保险资金运用风险提供了稳固基础。

## 2.5.2 《保险资金运用管理办法》的主要内容

从总体框架看，《管理办法》使得保险资金运用方式得以明确，包括资金运用的范围和形式；使得保险资金运用决策机制和流程更加规范；使得风险管控机制得以强化，要求保险机构健全公司治理和内部控制，切实承担各项管理职责和抵御相关风险；也使得监管机构对保险机构和相关当事人的违规责任追究得以明确。

从内容上来看，此次的修订主要涵盖四个方面：一是切实落实党中央、国务院和国家金融稳定委员会部署。包括对保险资产管理产品业务的登记、托管、交易等监管事项进行明确；进一步规范投资管理人受托管理保险资金的行为；对受托资金转委托和提供通道服务等行为进行遏制，切实加强去嵌套、去杠杆和去通道工作。二是切实强化监管和风险管控机制。包括加强境外投资监管，明确保险资金从事境外投资应符合银保监会、人民银行和外汇局的有关规定；细化风险责任人制度，要求保险机构应当将保险资金运用业务的风险责任人及首席投资官进行明确，把风险责任落实到人；明确保险资金运用信息披露的要求。三是切实推动保险资金服务实体经济，主要是将近几年的有益实践经验和相关规范性文件上升为部门规章。包括允许保险资金投资资产证券化产品，允许专业保险资产管理机构设立私募基金，允许保险资金进行风险投资。四是依据"放管服"等政策安排修改相关内容。

上述的修订直接或间接指向服务实体经济、防控金融风险、深化金融改革三项任务。不仅切实加强了保险资金直接投资实体经济，如缩短中间环节，以降低实体经济成本，而且推进了保险资金运用建立覆盖事前、事中、事后三个过程的风险防范机制，创造审慎稳健的投资文化，确保保险资金守住不发生系统性风险底线，以推动保险资金更好地促进保险主业和实体经济发展。

### 2.5.3 加强保险资金监管的影响

（1）将近几年有益的实践经验和相关规范性文件上升为部门规章，更好提升法律效力

《管理办法》明确保险资金可以投资创业投资基金等私募基金和设立不动产、基础设施、养老等专业保险资产管理机构，进一步支持小微企业发展，提高保险资金支持基础设施、养老等重点领域产业的广度和深度；强化保险资金股票投资监管，依照一般股票投资、重大股票投资和上市公司收购等不同情形来实施差别监管等。这些规定不仅能更好地保障保险资金服务实体经济，加强对重点业务领域的监管，而且完善了对责任人员和外部约束机制的监管，有利于保险资金的运用，守住不发生系统性风险的底线。

（2）根据"放管服"要求，深入推进保险资金运用改革

《管理办法》主要内容包括改进保险资金运用比例监管，保监会将依据资金运用实际情况，对保险资产的分类、品种以及相关比例等进行相对应的调整等。截至2017年12月末，保险业资产总规模为16.75万亿元，同比上涨10.80%，保险机构资金运用余额为14.92万亿元，同比上涨11.42%。2017年，保险资金实现投资收益8352.13亿元，投资收益率为5.77%，预计利润总额2567.19亿元。在目前的市场环境下，保险资金取得这样的成就很不容易，最重要的原因是，近年来保险资产配置结构一直较为稳定并且持续优化。在过去的一年中，固定收益类资产配置比例保持在71%~72%。与此同时，2017年保险资金在股票市场取得不错的成绩，对收益有较大的贡献。其主要呈现了以下三个特点：一是保险资金长期坚持价值投资理念，主要投资大盘蓝筹；二是保险股业绩表现良好，保险资金也有不少配置；三是银保监会适时拓宽保险资金投资港股，港股表现也很好。

（3）引导中小型保险公司的投资风格趋于稳健

个别的保险企业会出现一些激进的投资情形，可能是因为负债的高成本以及公司治理的状况等诸多因素所致。针对这些少数

公司，保监会一直在给予密切追踪，并给予了相对应的监管措施。而激进投资现象也会伴随着强监管、治乱象工作不断开展很快地得以改正和扭转。

（4）有效管控股东违规干预保险资金运用

此前部分保险企业激进投资乱象的本源之一即在于股东违规干预保险资金运用。在2017年保监会强监管举措下，保险企业非理性举牌、境外收购等激进投资行为已得到有效的管理控制。通常状况下，一个公司的治理若情况良好，则在股东干预险资运用方面一定会有相应的制衡。但如果公司治理失效的话，就会出现上述问题。例如，存在绝对控股股东，绝对控股股东在董事会有很大的话语权，这样原本应由股东大会行使的权力转移到了董事会。

有效落实《管理办法》要求股东不得违法违规干预险资运用：第一，要对问题保险企业的违规股东进行清理；第二，要严格压实股东大会、董事会、管理层的具体责任，完善公司治理结构，股东大会就管股东大会的事情，董事会就管董事会的事情；第三，强化管理层的作用，压实和强化管理层的责任。此次发布的《管理办法》即压实了管理层的责任，明确要求保险公司的首席投资官由分管投资的高管担任，并规定保险机构应当明确保险资金运用业务的风险责任人，将风险责任贯彻落实到人。

（5）体现了《关于规范金融机构资产管理业务的指导意见》去杠杆、去通道的监管思路

《管理办法》展现了《关于规范金融机构资产管理业务的指导意见》去杠杆、去通道的监管思路。一是规定险资加强去嵌套、去杠杆、去通道，明确投资管理人不得将受托管理的保险资金转委托或为委托机构提供通道服务；二是明确了保险资产管理机构开展保险资产管理产品业务，理应在保监会认可的资产登记交易平台进行发行登记和信息披露等业务，构建数据分析和风险预警系统，进一步加强资管产品业务监管。

# 第3章 中国保险业市场发展现状与问题分析

## 3.1 中国保险业市场发展现状

### 3.1.1 中国保险密度与保险深度

衡量一个地区保险市场成熟程度的指标为保险深度和保险密度。保险密度是按统计区域内常住人口计算的人均保费金额，反映一个地区的消费者参与保险的程度。保险密度＝保费收入／总人口，就是平均一个人花多少钱买保险。保险深度是指某地保费收入占该地国内生产总值（GDP）的比例，是反映一个国家的保险业在其国民经济中的地位的一个重要指标。保险深度＝保费收入／GDP，取决于国家总体发展水平及保险业的发展速度。

经历了近40年的发展，中国的保险密度从1980年的0.47元，增长到2017年的2646元，增加了5600多倍；保险深度从1980年的0.1%增长到2017年的4.42%。

元

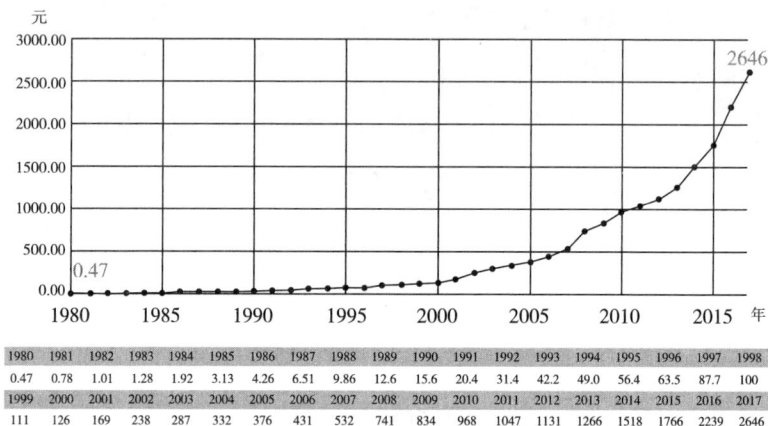

| 1980 | 1981 | 1982 | 1983 | 1984 | 1985 | 1986 | 1987 | 1988 | 1989 | 1990 | 1991 | 1992 | 1993 | 1994 | 1995 | 1996 | 1997 | 1998 |
|------|------|------|------|------|------|------|------|------|------|------|------|------|------|------|------|------|------|------|
| 0.47 | 0.78 | 1.01 | 1.28 | 1.92 | 3.13 | 4.26 | 6.51 | 9.86 | 12.6 | 15.6 | 20.4 | 31.4 | 42.2 | 49.0 | 56.4 | 63.5 | 87.7 | 100 |
| **1999** | **2000** | **2001** | **2002** | **2003** | **2004** | **2005** | **2006** | **2007** | **2008** | **2009** | **2010** | **2011** | **2012** | **2013** | **2014** | **2015** | **2016** | **2017** |
| 111 | 126 | 169 | 238 | 287 | 332 | 376 | 431 | 532 | 741 | 834 | 968 | 1047 | 1131 | 1266 | 1518 | 1766 | 2239 | 2646 |

图 3-1　保险密度发展图

%

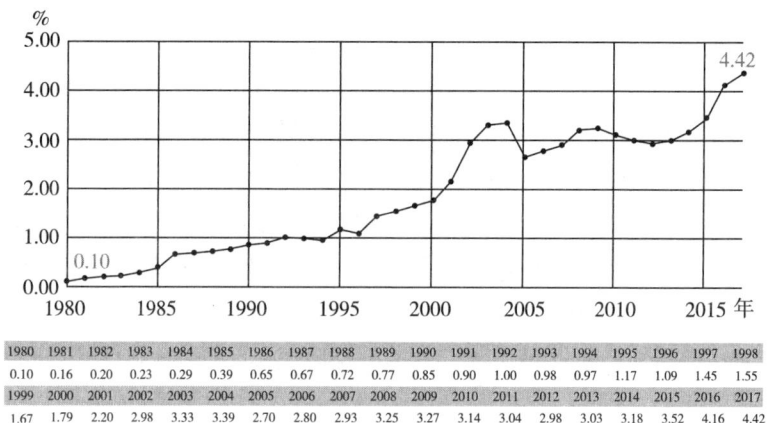

| 1980 | 1981 | 1982 | 1983 | 1984 | 1985 | 1986 | 1987 | 1988 | 1989 | 1990 | 1991 | 1992 | 1993 | 1994 | 1995 | 1996 | 1997 | 1998 |
|------|------|------|------|------|------|------|------|------|------|------|------|------|------|------|------|------|------|------|
| 0.10 | 0.16 | 0.20 | 0.23 | 0.29 | 0.39 | 0.65 | 0.67 | 0.72 | 0.77 | 0.85 | 0.90 | 1.00 | 0.98 | 0.97 | 1.17 | 1.09 | 1.45 | 1.55 |
| **1999** | **2000** | **2001** | **2002** | **2003** | **2004** | **2005** | **2006** | **2007** | **2008** | **2009** | **2010** | **2011** | **2012** | **2013** | **2014** | **2015** | **2016** | **2017** |
| 1.67 | 1.79 | 2.20 | 2.98 | 3.33 | 3.39 | 2.70 | 2.80 | 2.93 | 3.25 | 3.14 | 3.04 | 2.98 | 3.03 | 3.18 | 3.52 | 4.16 | 4.42 |

图 3-2　保险深度发展图

　　截至 2017 年，中国保险密度和保险深度均已实现了飞跃式发展，但与发达国家相比还有较大发展空间。与 1980 年的 0.47 元相比，中国的保险密度增加了 5600 多倍，约为 407 美元，但依旧低于发达国家保险密度的平均水平。从图 3-3 中可看出，我国保险密度仍存在 6~11 倍的发展空间。

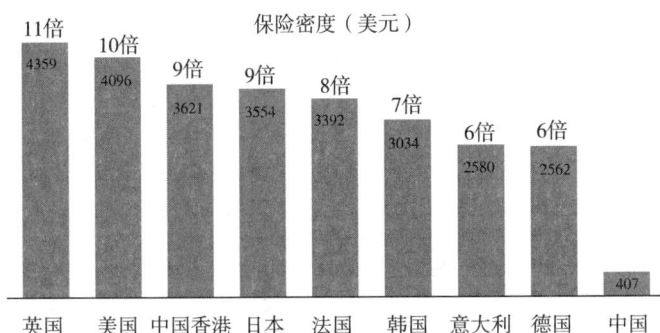

图 3-3　各国（地区）保险密度比较图

根据各个省份保险密度和保险深度的数据来看，北京、上海两地的保险业发展水平远远超出其他地区，沿海地区的保险密度较高，中西部省份保险密度较低。同时，黑龙江、山西和四川等地，虽然保险密度较低，人均保费低于全国平均水平，但保险深度均高于 5%，表明保险业在当地国民经济中的地位较高。

### 3.1.2　中国保险业保费收入及赔付支出整体分析

2017 年全国保险业原保险保费收入为 36581.01 亿元，保险业原保险赔付支出为 11180.79 亿元。

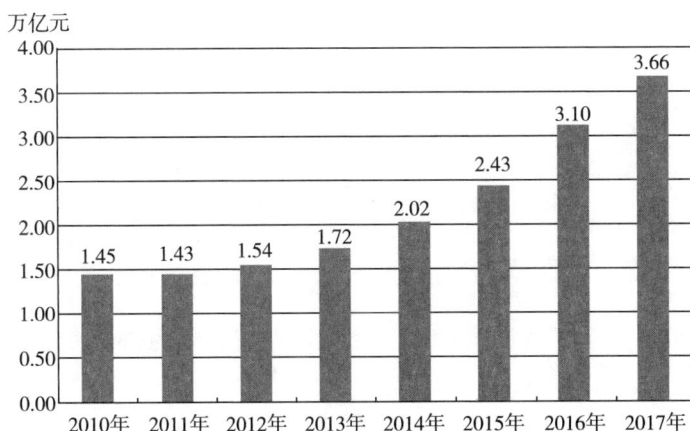

图 3-4　2010—2017 年全国保险业原保险保费收入

万亿元

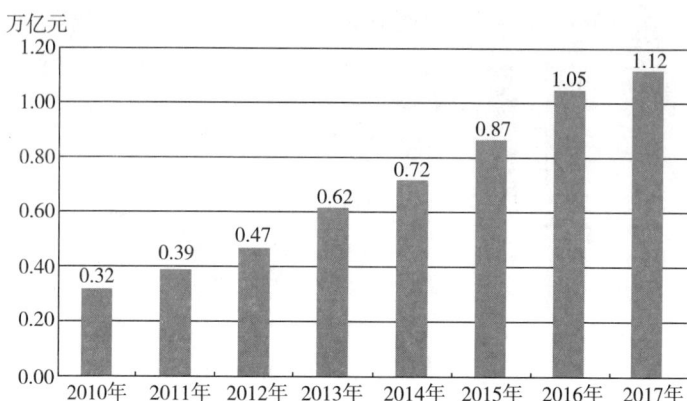

图 3-5　2010—2017 年全国保险业原保险赔付支出

2017 年，随着寿险增长速度的下降，保险业增速同比下降了
9.34%。根据不同险种来看，财产保险业务发展态势良好，全年原
保险保费收入同比增长 12.72%，达到 9834.66 亿元，增速较 2016
年增长 3.06 个百分点。与国民生产生活存在紧密联系的责任保险
和农业保险业务仍然以较快的速度增长，全年原保险保费收入分
别为 451.27 亿元和 479.06 亿元，同比增长 24.54% 和 14.69%。寿
险业务增长速度有所下降，全年原保险保费收入为 26746.35 亿
元，同比增长 20.29%，增速下降 16.22 个百分点。其中，寿险
21455.57 亿元，增长 23.01%；健康险 4389.46 亿元，增长 8.58%；
意外险 901.32 亿元，增长 20.19%。2017 年，全保险行业为社会
提供了总值为 11180.79 亿元的风险及经济保障，较 2016 年增长
75%。截至 2017 年底，保险代理人总数达到 806.94 万人，与 2017
年初相比增加 149.66 万人。

### 3.1.3　中国寿险保费收入及赔付支出情况分析

2017 年全年我国寿险业务原保险保费收入为 21455.57 亿元，
寿险原保险赔付支出共计 4574.89 亿元。

万亿元

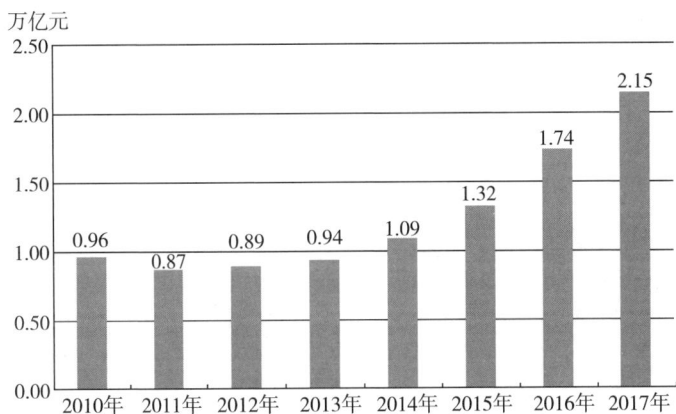

图 3-6　2010—2017 年全国寿险业务原保险保费收入

万亿元

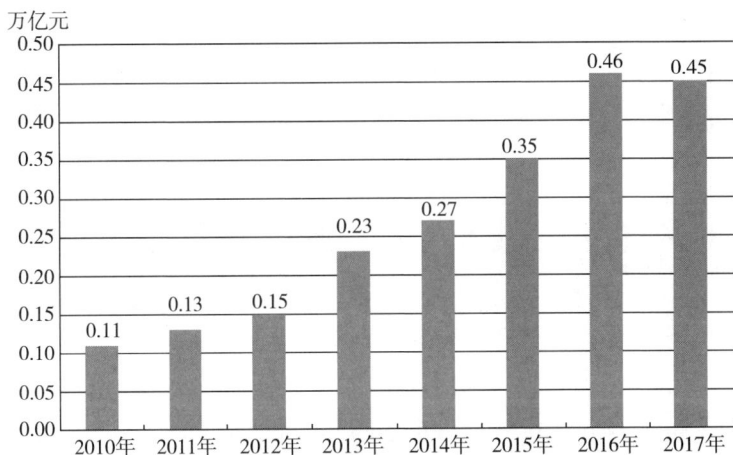

图 3-7　2010—2017 年全国人寿保险原保险赔付支出

## 3.1.4　中国财产险保费收入及赔付支出情况分析 [①]

2017 年全年我国财产险业务原保险保费收入为 9834.66 亿元，财产险原保险赔付支出共计 5087.45 亿元。

---

① 中国产业信息网，2017 年中国保险行业发展概况分析，2018 年 3 月。

万亿元

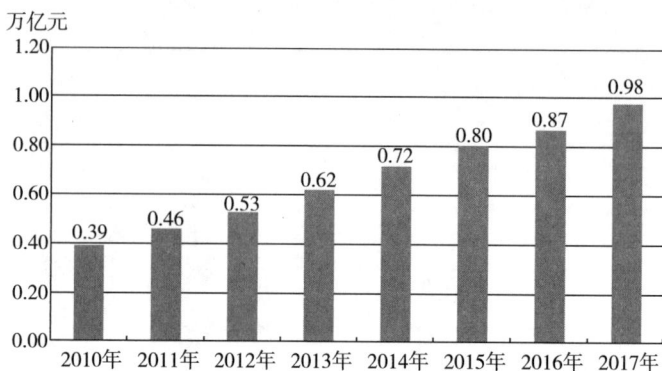

图 3-8　2010—2017 年全国财产险业务原保险保费收入

万亿元

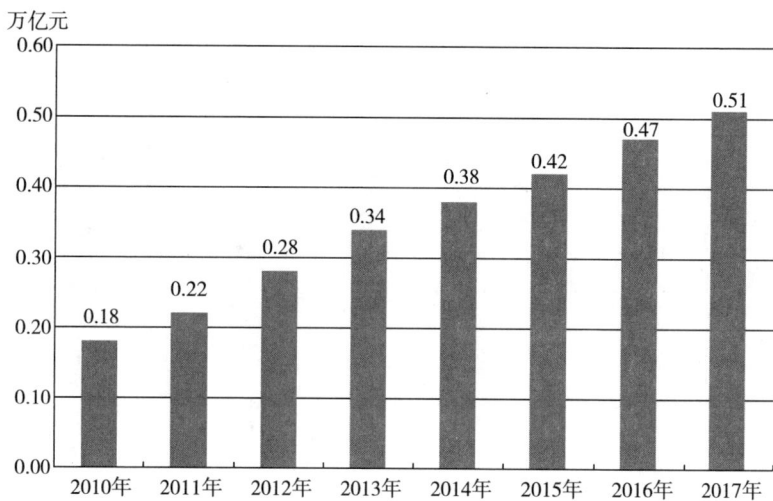

图 3-9　2010—2017 年全国财产险原保险赔付支出

## 3.1.5　中国意外险保费收入及赔付支出情况分析

2017 年全国意外险业务原保险保费收入为 901.32 亿元，人身意外伤害险原保险赔付支出为 223.69 亿元。

亿元

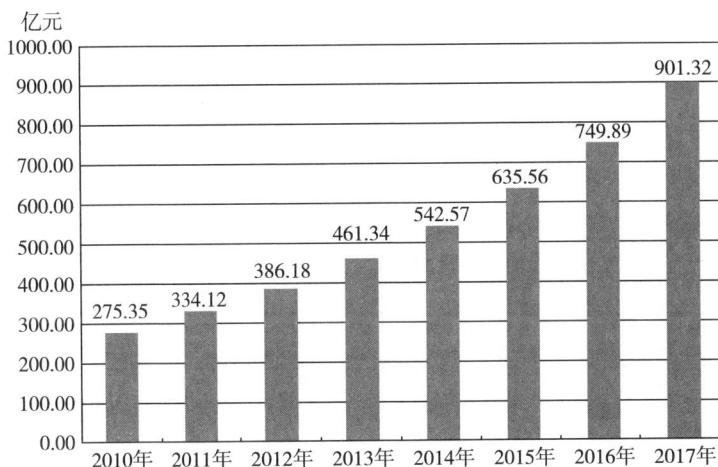

图 3-10　2010—2017 年全国意外险业务原保险保费收入

亿元

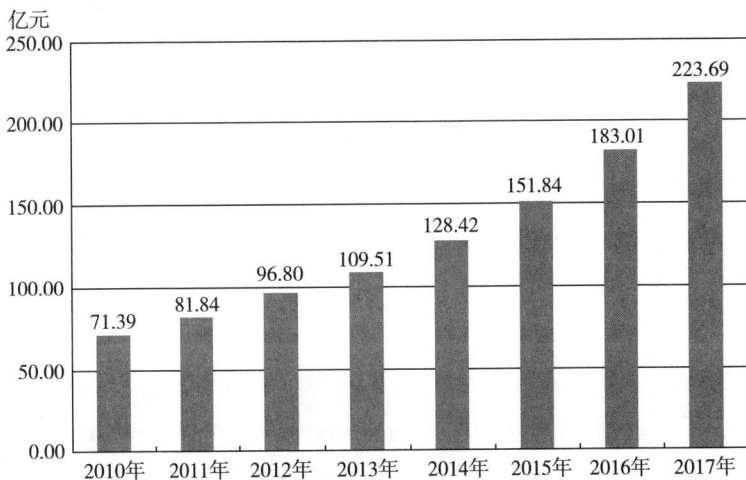

图 3-11　2010—2017 年全国人身意外伤害险原保险赔付支出

## 3.1.6　中国健康险保费收入及赔付支出情况分析

2017 年全国健康险业务原保险保费收入为 4389.46 亿元，健康险原保险赔付支出为 1294.77 亿元。

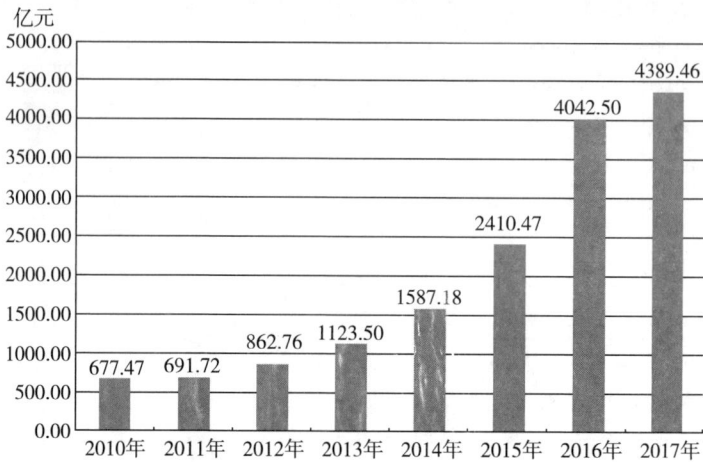

图 3-12　2010—2017 年全国健康险业务原保险保费收入

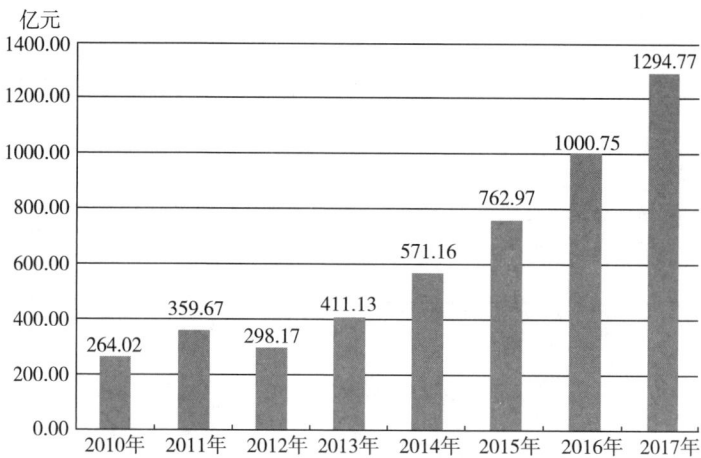

图 3-13　2010—2017 年全国健康险原保险赔付支出

### 3.1.7　中国保险投资收益情况分析

2017 年，我国保险业资金配置更加优化，投资收益逐步增加。保险公司资金运用余额为 149206.21 亿元，与年初相比增长 11.42%。资金运用总余额中，固定收益类余额为 70886.96 亿元，占比 47.51%，下降 3.19 个百分点；股票和证券投资基金 18353.71 亿元，占比 12.30%，下降 0.98 个百分点；长期股权投资 14769.06 亿元，占比 9.90%，上升 0.73 个百分点。保险资金运用收益为 8352.13 亿元，同比增长 18.12%，资金收益率 5.77%，同期相比上升 0.11 个百分点。资金运用总收益中，债券收益 2086.98 亿元，同比增长 11.07%；股票收益 1183.98 亿元，同比增长 355.46%；其他投资类型收益为 5081.17 亿元，占比 60.84%。

### 3.1.8　中国互联网保险业市场发展状况

在过去的六年中，互联网保险保费的规模持续增长。根据中国保险业协会发布的数据，2017 年上半年互联网保险保费收入达到 1248.3 亿元，全年可能达到近 3000 亿元。2012 年实现了在线保险保费收入增长 20 倍以上。互联网保险保费收入的增长率在过去两年中急剧下降，但在 2017 年下半年和 2018 年发展前景较为广阔，这要归功于第一家保险科技股众安在线的上市。根据预测，在新的发展时期中，中国保险技术市场规模到 2021 年将达到 1.4 万亿元。

根据产品结构，互联网保险包括互联网财产保险和互联网人身保险。2017 年，互联网财产保险和互联网人身保险预计分别实现保费收入 475.6 亿元和 2021 亿元，分别占互联网保险总收入的 19% 和 81%。在互联网保险行业中，互联网财产保险在互联网保险保费总收入中所占的比例逐年下降，相应地，互联网人身保险在互联网保险保费总收入中所占的比例逐年增加，互联网人身保险保费收入占比在 2015 年首次超过互联网财产保险。互联网保险保费收入结构在过去两年中逐渐稳定，互联网人寿保险保费收入远高于互联网财产保险保费收入，据估计，2017 年互联网人寿保险保费收入占约 81%。事实上，无论是互联网保险还是整个保险行业，人身保险业务保费收入的增长率占保险行业保费收入的总增长率（即保费增量贡献率）都在逐年增加，而财产保险保费增长贡献率却逐步下降。互联网保险保费收入结构的稳定表明，现有的人寿保险公司在早期阶段就使用互联网渠道以快速且低成本的方式吸引了大量客户，而推动人寿保险公司以降低运营成本为目的的"线下"到"线上"转移的发展方式已进入瓶颈期。

从商业组织的数量来看，经营互联网保险业务的公司数量正在增加。根据中国保监会发布的数据，2012 年，中国仅有 39 家保险机构在运营互联网保险业务，到 2016 年，已经有 117 家保险机构已经在运营互联网保险业务，2017 年上半年有 12 家保险中介机构经批准开展了保险中介业务。此外，大多数现有的保险公司已经通过访问互联网并自建网站或与第三方平台合作来开始其互联网保险业务。2017 年上半年，互联网保险创新业务签约量达 46.66 亿件，同比增长 123.55%，占全部新保单的 60% 以上。其中，退货运费险 27.3 亿件，同比增长 53.01%；责任保险 4.11 亿件，同比增长 17.36 倍；保证险 6.98 亿件，同比增长 13.27 倍；意外险 3.36 亿件，同比增长 1.45 倍。2017 年，互联网保险合同签约 124.91 亿件，同比增长 102.60%，其中退货运费险签约 68.19 亿件，同比增长 51.91%；保证险 16.61 亿件，同比增长 107.45%；意外险 15.92 亿件，同比增长 539.26%；责任险 10.32 亿件，同比增长 438.25%。

### 3.1.9　中国保险业服务实体经济状况分析

2017 年，保险业致力于帮助经济社会发展的重点领域和薄弱环节，促进科技创新，维护社会稳定，不断提高保险服务实体经济的效率和水平。从助推扶贫情况来看，截至 12 月底，农业保险为 2.13 亿农户提供 2.79 万亿元的风险保障，同比增长 29.24%；支付赔偿金 334.49 亿元，同比增长 11.79%；4737.14 万户贫困户和受灾农民都因保险业的经济保障受益，受益人数同比增长 23.92%。

从为实体经济提供服务的角度看，保险行业定期存款余额超过 1.34 万亿元，是实体经济长期贷款资金的重要来源；实体经济债券、股票直接融资超过 7 万亿元，与年初相比增长 15%。其中，"一带一路"建设投资资金总额达 8568.26 亿元；支持长江流域经济带与京津冀协同发展的战略投资资金总额分别达到 3652.48 亿元和 1567.99 亿元；绿色产业包括支持清洁能源、资源节约和污染防治规模达到 6676.35 亿元。从支持科学研究与技术创新的角度看，科技保险为科学研究与技术创新提供了 1.19 万亿元风险保障；首台（套）重大技术装备保险为技术装备创新提供了 821.71 亿元的风险保障。

## 3.2　中国保险业市场发展特征

近年来，保险行业飞速发展，其现状特征主要表现为以下五点：第一，人身保险业务发展缓慢，财产保险业务发展加速，而人寿保险和意外伤害保险则以较快的增长速度发展，健康保险的热度越来越低，车险的发展日趋平稳，企业财产保险等非车险渐渐解冻；第二，保险监管针对保险行业保障功能的短板进行了补齐，在此基础上打造出有利于实体经济的环境，同时，政策上的红利也通过供给侧改革不断地释放出来；第三，市场竞争愈发剧烈，百度、阿里巴巴、腾讯、京东等网络巨头加速布局，人身保险出现回升，财产保险维持不变，针对险资的投资逐渐稳定；第四，互联网保险的发展受到阻碍，保险科技带来前所未有的机遇，保险行业的未来正待重新构建；第五，仍需注意保险行业的局部风险以及潜在的危害。

2017 年主要保险公司经营状况如下：保险行业的布局得不到调和，大型保险企业仍然更多地承保个险和期缴保障性产品，保险业务的结构在进一步完善中，非标资产所占比重逐步上升，投资收益率也在稳步上涨；中小型保险企业几乎都囿于保险行业的转型，只能不断继续探索差异化、专业化的发展道路，部分发展迅速、激进的机构受到阻碍；银邮系保险公司的保费收入超过市场；保险企业参控股的银行发展速度减缓，银行与保险公司的合作逐步降温。

### 3.2.1 人身险业务发展收缩，产险业务增长提速

（1）人身险：寿险增速最快，意外险增长速度略次于寿险，而健康险增长速度远低于前二者

根据保险行业的数据，人身险整体以及其主要细分险种的保费增长速度在 2017 年达到了最快，这也是近三年来增速最快的时期，保险行业增速达到 23.56%，相比 2016 年同期减少 8.83%，而相对于 2015 年同时段而言，加快了 6.87%。在 2016 年，人身保险的各类细分行业中，健康保险的增长速度是最快的，寿险增长的速度仅次于健康险，意外伤害保险的增长速度则是最慢的。相比而言，在 2017 年，人身保险的各细分险种的增长速度发生了较大的改变，首先是增长速度最快的变为了寿险，其次增长速度第二快的是意外伤害保险，健康保险反而是增长最慢的，各细分险种之间增长速度的对比仍然表现出不平衡的规律。寿险业务原保险的保费收入为 1.89 万亿元，相比 2016 年同期增长 31.72 个百分点；健康保险业务原保险的保费收入达到 3583.05 亿元，同比增长 4.45 个百分点；意外保险业务原保险的保费收入为 703.07 亿元，在 2016 年同期收入的基础上增加 20.51 个百分点。此外，寿险与健康保险的增长速度与 2016 年同时段相比分别减少 8.83%、82.32%，而意外伤害保险则增加了 3.31%。除此之外，保户投资款和独立账户中新增加的缴费是不计入寿险公司保险合同核算的，这部分资金为 5033.15 亿元，与 2016 年同期相比降低了 52.73 个百分点。居民对医疗健康保障的需求随着其收入的增加和财富的积累也在增加，但自从 2017 年监管新规出台后，短期理财型的健康保险产品销售压力较大，健康保险的高基数、竞争激烈的市场是健康保险业务保费收入下降的主要原因。

（2）产险：车险的增长速度稳定，信用险和企业财产保险等非车险增长速度回升，占比增加

产险业务中，车险的原保险保费收入达到 5417.41 亿元，与 2016 年同期相比增长了 10.48 个百分点。其中，机动车交通事故

责任强制保险的原保险保费收入为 1332.11 亿元，与 2016 年同期相比上升了 8.58 个百分点，与车险总体业务一样呈现出缓慢提速的状态。2017 年前三季度，GDP 增幅回升至 6.8%，得益于宏观经济的回暖，信用保险、企业财产保险、货物运输保险、船舶保险等非车险原保险保费收入达到了 2399.46 亿元，与 2016 年同期相比提升 24.90 个百分点；其中，农业保险、责任保险和工程保险业务以较快的速度增长，其原保险保费收入分别达到 414.03 亿元、344.17 亿元和 90.79 亿元，与 2016 年同期相比增加了 14.99%、22.59% 和 17.67%。

### 3.2.2　监管政策不断趋严，推动保险回归主业

（1）监管措施既疏也堵，创造实体经济向上的友好环境

2017 年，保险业监管层为了明确监管的职责与边界，决定重新塑造保险监管、回归保障本源，让保险姓"保"，从而促进保险行业的持续健康发展。从 4 月开始，保监会出台了相关措施，通过疏堵结合的方式，解决治理无效、资本不真实、不按规定运用资金、发展粗放等相关问题，保证保险可以发挥保障和长期储蓄的功能，进而继续发展实体经济。除此之外，保监会出台的 "1+4" 系列文件也更好地推动了保险回归保障本源以及保护保险消费者的合法权益。前三季度，保险业提供风险保障 2909.81 万亿元，增长 46.33%。其中，寿险 28.31 万亿元，同比增长 53.62%。这说明保险业保障供给的能力得到了显著提升，发挥了稳定经济和社会的功能。此外，保险业还可以提供资金支持，保险业的定期存款余额已经超过 1.4 万亿元，是实体经济中长期贷款资金的重要来源。在实体项目中保险资金主要投资于有关清洁能源、资源节约与污染防治等绿色产业，其债权投资计划规模达到 6166.75 亿元。

（2）"偿二代"实施持续提升行业水平，二期工程建设开工

2016 年，国内保险业正式开始实施"偿二代"监管标准。自"偿二代"正式实施以来，不仅行业整体的偿付能力保持稳定，资

本的实力也在逐步提高。2017 年第三季度末，167 家公司实际资本合计达到 3.2 万亿元，综合偿付能力溢额为 1.9 万亿元。根据偿付能力数据和风险综合评级结果，这 167 家保险公司的平均综合偿付能力充足率和平均核心偿付能力充足率分别为 253%、241%，两个数据远高于 100% 和 50% 的偿付能力达标线。其中，财产保险公司、人身保险公司、再保险公司的平均综合偿付能力充足率分别为 277%、247% 和 331%。对以上 167 家保险公司进行风险综合评价，结果显示，其中 A 类公司 112 家，B 类公司 52 家，C 类公司 1 家，D 类公司 2 家。与 2016 年同比行业整体偿付能力充足率有所下降，这是由于越来越多的保险公司被纳入统计范围。

（3）人身险市场化改革与规范发展并重，134 号文逐步显效

人身保险改革发展在 2017 年取得了许多成绩，包括万能险过度发展治理、税优健康险扩容、税延养老保险启动等。其中，个人商业健康保险税收优惠政策是从 2016 年 1 月开始正式试点，2017 年 7 月 1 日，又将商业健康保险个人所得税试点政策推广到全国范围。根据试点所获得的数据，第一季度结束时 26 家保险公司在 31 个试点城市推行税优健康险共获得 1.18 亿元保费收入。试点效果远不如预期，这表明税优健康险还有着许多问题，例如优惠力度不大、没有吸引力、政策宣传不到位、产品设计缺乏亮点、只面向团体销售而不开放个体渠道等；想要推广税优健康险还存在许多问题。

2017 年以来，因为人身保险回归风险保障与长期储蓄取得了重大进展，保险的产品结构、业务结构都有了极大改善。从前三季度数据来看，普通寿险业务保费占比 49.38%，比 2016 年底增加 13.18%；万能险业务保费占比 18.37%，下降 18.48%；分红险业务保费占比 30.64%，增加 6.88%；由于保障功能产品的占比较高，个人代理业务已成为原保险保费收入的第一大来源，达到 11005.72 亿元，同比增加 33.73%，占人身保险公司业务总量的 48.61%，同比上升 3.75 个百分点；银邮代理业务实现原保险保费收入 9684.23 亿元，同比增加 15.69%，占人身保险公司业务总量

的 42.77%，同比下降 2.86%。1~10 月，寿险公司未计入保险合同核算的保户投资款和独立账户新增缴费为 5473.75 亿元，同比下降 51.40%。这表明国内人身保险产品结构和业务结构出现重大改变。人身保险业务彻底纠正了个别保险公司万能险快速发展带来的相关问题风险，例如业务结构的严重失衡、资产负债的严重错配、规避监管制度漏洞等，降低了个别保险公司激进经营风险发展成行业危机的可能性。

从中期来看，134 号文件叠加"双录"等新政对保险销售银保渠道影响更大。在 134 号文件出台之后，此前热销的年金（主险）+ 万能险（附加型）这一产品组合转换为年金 + 万能双主险形态。双主险的形式使得保险产品越来越不同于其他理财金融产品，但同时也加大了保险企业销售的难度。对于通过银保渠道销售的保险产品来说，消费者更重视保险产品的投资理财功能，产品保费返还期限的延长无疑增加了银行渠道销售该类保险的难度。

（4）商业车险改革深入推进，车险消费者获益

商业车险改革始于 2015 年 2 月，此后改革分三个批次陆续在全国实行。改革在许多方面都取得了重大成就，例如修订了商业车险示范条款、扩大了保险范围、创新了保险条款、完善了商业车险的定价方式等。改革给保险公司带来了自主定价的权利，这促进了商业车险费率的市场竞争，提高了车险市场活跃度。商业车险改革从开始到全面实施以来，车均保费比改革前减少了 5.3%，大大提高了消费者的获得感。车险市场发展稳定向上，行业经营管理能力也有相应的进步，充分发挥了车险的社会管理作用。许多地区的低风险车主由于驾驶习惯较好而享受到的商业车险最低折扣率已由改革前的 0.7 下降到 0.4335。2017 年以来，商业车险费率浮动系数的下限又得到进一步下调，根据计算，最低折扣率将进一步下降到 0.3825，部分地区甚至可能达到 0.3375。总的来说，未来的车险市场经过改革之后将实现由规模增长向效益增长的转变；由单一市场价格竞争向价格与风险相匹配的转变；由示范条款向产品多元体系的转变。

### 3.2.3 市场竞争分化加剧，险资投资回归稳健

（1）批筹数量出现回落，互联网巨头加速布局

截至 2017 年，全国保险机构中已开业的共 215 家，与年初相比增加了 9 家。其中，保险集团公司 12 家；财产保险公司 84 家，新增 5 家；人身保险公司 84 家，新增 7 家；保险资产管理公司 22 家，再保险公司 10 家。

与 2016 年保险公司的大规模增加相比，2017 年保监会只批准了 6 家保险公司的筹备建立，并且全部发生在 2017 年 1 月和 2 月。保险机构扩容脚步的放缓侧面反映了保险监管越来越严格，实际上，银保监会不仅减缓批准筹建新的保险公司，对于已经被批准筹备建立的公司，也仍然要审查股东资质、入股资金来源、股权结构等多方面的信息。放缓保险公司的筹建以及对开业标准进行严格监管的一系列行为提高了进行保险经营活动的门槛，打击了想要通过保险牌照短期套利的社会资本，使多家上市公司决定放弃设立保险公司。

新进入者中，百度、阿里巴巴、腾讯、京东等互联网巨头开始加速布局保险业。据已公开的信息，2017 年以来，蚂蚁金服、腾讯、百度等企业相继通过成立、投资等方式，在多地控股参股了 5 家保险公司或保险中介公司，除此之外还有约 5 家保险公司在筹建之中。另外，京东保险筹备组也已经成立，准备筹建一家财产保险公司，苏宁金服也拟建一个保险大数据研究中心。

（2）行业集中度：人身险老三家开始回暖，财产险保持稳定

从原保费收入来看，2017 年，人身保险老三家和老七家保险公司与 2016 年底的市场份额相比分别上升 0.94% 和下降 0.47%；1 月至 10 月，原保费收入分别上升 1.16% 和下降 0.12%，近 10 年持续下滑的趋势被终结，终于开始回暖，这种回暖表现为市场份额向老三家集中。反之，与人身保险行业集中度显著回升不同，财产保险行业集中度基本维持不变，在传统中小型寿险公司的冲击下，财产保险公司与同期相比市场份额出现轻微的下降。国寿、

平安、太保和新华的市场份额分别为19.88%、13.16%、6.77%、3.97%，四家公司2016年底这一指标分别为19.9%、12.7%、6.3%、5.2%，较2016年底，分别下降0.12%、上升0.35%、上升0.47%和下降0.23%。传统老三家市场份额的增加，相应部分中小保险企业市场份额减少。财产保险方面，2017年前三季度，财产险前五强人保、平安、太保、国寿财和中华联合的保费收入之和占全行业的比例为73.57%；2016年底和2015年底，这一指标分别为74.7%、73.7%。根据最近三年的信息，我们可以看到，前五强垄断的情况较显著，中小型财产保险公司的生存比较艰辛。

2017年前三季度外资市场份额虽然继续增加，但中资公司依然具有绝对优势。中资人身险保险公司原保险保费收入为2.11万亿元，市场份额为93.13%，同比下降0.47个百分点；外资人身险保险公司原保险保费收入为1555.4亿元，市场份额为6.87%，同期增加0.47个百分点。中资财产险公司原保险保费收入为7663.8亿元，市场份额为98.04%，同期上升了0.08个百分点；外资财产险公司原保险保费收入为153.07亿元，市场份额为1.96%，同期下降了0.08个百分点。

2017年前三季度，在外资市场份额不断增加的挑战下，中资公司仍然占据绝对优势，其中，人身保险公司的原保险保费收入为2.11万亿元，占市场份额的93.13%，与2016年同期相比降低0.47%；财产保险公司的原保险保费收入为7663.8亿元，占市场份额的98.04%，同比增加0.08%。而外资的人身保险公司原保险保费收入仅为1555.4亿元，只占市场份额的6.87%，同比上升0.47%；外资的财产保险公司原保险保费收入堪堪达到153.07亿元，仅占市场份额的1.96%，同比下降0.08%。

（3）资产配置上另类资产投资占比继续上升

由于资本市场波动、利率下滑、资产荒等原因，保险公司资产端和负债端矛盾重重。利率较低的条件下，保险公司要应对挑战必须严格控制风险、优化资产配置、拓展投资渠道、缩小久期缺口、提升投资收益。目前，另类资产的投资运用正在高速发展，这类资产投资运用以基础设施债权投资计划、不动产债权投资计划和股权投资计划等为代表。2017 年前九个月，21 家保险资产管理公司注册债权投资计划和股权投资计划共 133 项，注册规模共达到 3456.13 亿元。其中，基础设施债权投资计划 52 项，注册规模 1752.45 亿元；不动产债权投资计划 70 项，注册规模 1215.18 亿元；股权投资计划 11 项，注册规模 488.50 亿元。2016 年 1 月至 9 月，21 家保险资产管理机构注册债权投资计划和股权投资计划共 104 项，合计注册规模 2145.51 亿元。到 2017 年 9 月底为止，累计发起设立债权投资计划和股权投资计划 760 项，合计备案（注册）规模 19134.80 亿元。2017 年前九个月较 2016 年累计注册规模同比增长近 45 个百分点，这说明新增的资金更多地运用于以债权计划和股权计划为代表的另类投资。

（4）险资举牌完全退潮，理性投资成为主流

2014 年以来，险资举牌逐渐变得火热，2016 年下半年又出现了万宝之争、恒大举牌等事件，这逐渐引起了监管部门的注意，保监会和证监会等相关部门针对举牌相继出台系列监管措施，希望可以让市场化举牌这一行为渐渐规范起来。针对违规举牌事件，相关部门派出了专家组进行调查研究，随即监管部门对前海、恒大等恶意举牌行为实施了针对性的重大处罚措施，这些惩罚与万能险的监管新规相叠加使得险资举牌行为逐渐冷却。

2017 年以来，监管部门的引导和管制不断加强，冲动举牌、境外收购等激进的投资行为被有效遏制，保险资金运用越来越稳健、审慎、有价值。中小型保险企业开始关注现金股利与长期发展趋势稳定的行业和蓝筹股。在 2017 年股票市场和债券市场剧烈波动时，保险资金作为重要的机构投资者成为了稳定市场的基础，也成为了国内资本市场建设和成长的维护者与受益者。

### 3.2.4　互联网保险发展陷入低谷，保险科技成为行业亮点

（1）增速陷入负增长，但新兴业务和专业公司依然表现优异

2017 年 1~6 月，互联网保险的保费收入为 1248.2 亿元，同比

减少 12.78%。其中，互联网人身保险的保费规模为 1010.5 亿元，同比下降 11%；互联网财产保险的保费规模为 237.8 亿元，同比减少 20%。2011 年底，国内的互联网保险开始兴起，在之后的几年又迎来了井喷式发展，在迅猛发展期间互联网保险保费规模增长了 70 多倍，2015 年，互联网保险保费收入甚至达到了 2234 亿元，在全国总保费收入中渗透率达到 9.2%。2014 年到 2016 年，保险行业整体的增速分别为 160.37%、5.10%、−46.84%；互联网寿险的增速分别为 548.55%、320.61%、30.92%；互联网财产保险的增速分别为 113.68%、51.92%、−47.55%。2016 年下半年开始国内的互联网保险不再以如此高的速度增长，到 2017 年互联网保险的发展陷入了瓶颈。与保险行业整体细分行业类似，互联网寿险与财产保险相比，容量会更大，市场份额占比也会更高。

在互联网保险迅猛发展期间，保险产品较为单一，互联网人身保险主要经营理财型保险，互联网财产保险主要经营车险。尽管互联网保险从 2017 年开始规模增速放缓，但业务结构优化使得行业发展的趋势会进一步强化，例如理财型保险业务大幅度减少，而保障型保险业务大幅度增加，互联网年金保险、健康险、非车财险等平均增速在 100% 以上。此外，根据 2017 年第三季度数据，专营互联网保险业务的众安保险、易安保险、泰康在线和安心保险 4 家互联网保险公司原保险保费收入达到 64.64 亿元，同比上涨 133.77%，仍然保持着高速发展的状态。

（2）互联网及保险科技驱动互联网保险经营模式多样化

随着互联网的高速发展，保险的产品、营销、定损、组织创新等方面都发生了巨大的变化。互联网与保险科技的迅速发展以及互联网与传统保险的相互融合带来了多种多样的互联网保险经营模式：第一，保险公司直接在公司官网上提供保险产品的报价，可以通过官网的直销平台进行购买；第二，通过第三方互联网保险机构进行购买；第三，保险企业出资成立电子商务公司；第四，保险公司与互联网公司组建互联网保险公司；第五，通过保险科技企业，保险科技对于云计算、区块链、大数据等各方面的研究和探索已逐渐取得成效。各种各样的经营模式也将带动互联网保险的发展。

如今，互联网保险发展面临暂时的低潮表明传统保险通过互联网迅速、低成本地大量接触潜在客户，降低运营成本的发展方式已进入低谷。互联网保险不仅仅通过网络平台获得客户，也能为客户带来更好的用户体验，但进一步发展同样需要改革。互联网保险发展需要科技赋能，科技的发展会提高行业服务的能力和效率。传统保险公司、技术公司以及新型保险机构等各类参与者通过科技的发展来创新保险产品与服务模式。随着大数据、云计算、区块链、人工智能、3S 技术等的深入应用，互联网保险的发展前景仍然未来可期。

（3）保险科技活力逐渐显现，保险未来正在重构

2017 年以来，国内保险业针对场景化、规模化、个性化的消费需求开始纷纷创新以人工智能、云平台和区块链为主的产品，慢慢把保险科技融入保险服务各流程、各环节，在承保、核保、定损、理赔等方面都实现智能化。根据保监会 1 月至 9 月的数据，由于保险科技产品逐渐完善、新技术投入应用、不断创新险种等原因，主要的 4 家互联网保险公司发展迅猛，原保险保费收入达到了 64.64 亿元，同比增加 133.77%。保单件数达 44.56 亿件，同比上升 110.13%。

保险公司和有关监管部门对保险科技高度重视，对保险科技的积极探索使得保险的未来正在重构。如今，保险科技主要应用于三个方面：第一，数据的融合和共享，保险运营离不开数据，通过大数据可以将成本大幅度降低；第二，新型保险消费场景的运用；第三，利用区块链、物联网等技术，困扰行业发展的道德风险和逆向选择问题能够得到有效解决。由于保险科技在降低运营成本、创新产品、改善客户体验等方面的明显优势，因此保险行业可以得到高效的运营。

## 3.3　中国保险业发展中存在的问题分析

### 3.3.1　我国保险密度和保险深度与发达国家相比差距较大

保险深度和保险密度是衡量一个国家或地区保险业发展的非常重要的参考指标。2016 年，全球保险覆盖率为 6.1%，而中国为 4.1%，仍远远落后于世界平均水平。这说明我国保险业仍然落后于国际水平，对整个国民经济的贡献相对较小。保险密度方面，2016 年全球人均保费支出为 621 美元，同期中国的保险密度仅为337 美元。这反映出中国保险业的发展仍然存在一定的空间，并且中国国民的保险意识总体上相对较弱。中国保险业与国际水平之间的差距进一步反映了保险业治理环境的严峻性。同时保险业的结构也反映出了中国保险业治理环境的严峻性。在以银行、证券、保险为主的金融业中，不难发现我国保险业在现有金融体系中权重不足，无法发挥"大保险"的作用。目前，中国银行业总资产的比例约占中国金融业总资产的 90%。

### 3.3.2　个别公司偿付能力下降加大，资本金亟待补充

虽然行业整体负债水平自 2017 年以来有所下降，但仍处于近几年的较高水平。保费规模的快速扩张、中短续期产品新政、以风险为导向的"偿二代"的实施以及 134 号文等因素对部分保险公司的偿付能力提出了更高的要求。随着上述驱动因素影响的凸显，保险公司尤其是中小型保险公司偿付能力不足导致的融资压力持续存在。其中，中小型保险公司的增资方式主要是增加注册资本、引入新股东，而大型保险公司的增资方式主要是发行资本补充债券。自"偿二代"实行以来，不同风险的业务资本消耗不同，尤其是一些业务风格较为激进的中小保险公司和新保险公司，资本补充压力明显加大。比如浙商财险 2017 年第二季度末的核心偿付能力为 45.4%，综合偿付能力为 90.79%；中法人寿第三季度

偿付能力下降至 –2776.16%，是寿险公司中偿付能力最低的。此外，富德保险公司和前海保险公司等在 2017 年也出现了偿付能力大幅下降的情况。

### 3.3.3 投资型险种仍有市场空间，但政策存在纠偏风险

保险业在社会管理中的主要职能是保障职能。但在居民收入进入更高层次的同时，居民财富也需要管理和保障。因此，广义范围上的居民财富也属于保险的重要保障范围，不容忽视。需要客观认识投资型保险在居民财富和资产配置中的作用。在低利率、高通胀的时代，居民迫切需求高收益的金融保险产品，以万能保险为代表的中短期产品仍具有较大的市场发展空间。严格的政策管制不仅会压缩市场空间，还会牺牲市场效率和保险公司经营的活力。此外，政策整改的风险体现在保险机构部分投资业务的迅速收缩导致到期支付和退保压力造成的负反馈等方面，致使该类型机构面临更大的现金流压力。

### 3.3.4 负债端成本刚性上升，利率风险不容忽视

人身保险开始面临日益增加的费率差额和利息率差额压力。代理人、银保与网上销售渠道的竞争逐渐激烈，导致手续费和佣金水平连年攀升，使得获取业务的成本不断上升。保险产品的成本刚性和利率资产侧调整的时滞增加了利差损风险。在财产保险方面，行业整体综合成本率居高不下。车险改革虽然使短期赔偿成本明显下降，但考虑到赔偿延迟等因素，赔付成本的下降具有不确定性；费用率比例较高，说明部分改革红利转移到中介机构，行业运营效率仍存在较大的发展空间。

2017 年以来，市场利率由下降转为上升，通过利差损赚取利润更加困难。保险机构为了获得更高的利润，不得不提高风险承受能力，增加对高风险债券、债权、股票、信托等的资产配置，从而造成投资组合的信用风险和市场风险敞口增加。在利率下降初期，短期内一般会对保险公司有利，但长期来看，会从投资收

益和准备金两方面挤压保险公司的利润。利率越低，折现率越低，导致准备金增加，进一步影响公司利润。2017 年前三季度，10 年期国债收益率虽然由跌转涨，较 2016 年同期上升了 130 个基点左右，减轻了准备金带来的利润压力；但 750 日平均国债收益率曲线的下降趋势仍然导致保险合同准备金计量基准收益率存在下降趋势，准备金计提压力依然存在。据测算，如果 2018 年第一季度 750 日国债收益率曲线迎来向上拐点，补提准备金带来的利润压力将完全消除，利润由负向正释放。相反，如果国债收益率保持在当前水平，或者利率中心上升趋势停止，准备金提取的负面影响依然存在。

### 3.3.5 行业两极分化加剧、中小保险企业经营业绩持续恶化

大多数保险公司经营压力大，利润主要集中在大公司。大部分公司面临保险种类结构和渠道结构单一、业务结构不平衡的问题；行业内竞争激烈、获取业务成本持续上升、运营费用刚性较大，导致运营成本压力更大。依据前三季度披露相关数据的 76 家寿险公司和 81 家财产保险公司的分析来看，寿险公司中，盈利 40 家，总净利润约为 996 亿元；36 家公司亏损，总亏损约为 248 亿元。其中，平安人寿、中国人寿、太保寿险、泰康人寿和新华保险总利润为 804 亿元，占盈利寿险公司的 80% 以上；四家保险公司亏损近 190 亿元，占亏损保险公司的 76%。81 家产险公司前三季度净利润合计 369 亿元，中国人保、平安产险、太保产险净利润分别为 176.95 亿元、110.5 亿元、30.29 亿元，合计 300 多亿元，贡献了行业净利润的大部分。2017 年前三季度，财产保险公司盈利能力内部分化更加严重：44 家公司实现盈利，净利润为正；34 家公司净利润为负，共亏损 34 亿元，亏损公司数量和额度与上半年相比均有增加趋势。

### 3.3.6 部分保险企业公司治理风险损害行业声誉

部分公司治理存在资本不真实、股权结构复杂、不透明等重大缺陷，垄断成为激进产品、激进销售、激进投资和虚假偿付能力以致出现最终投资失败、偿付能力不足、流动性风险等问题的深层次原因，进而导致负面评价的社会舆论。

### 3.3.7 保险科技对行业发展和监管带来挑战

保险技术的应用不仅促进了行业的快速发展，也对行业和监管提出了一部分挑战。一是寡头垄断的潜在风险，大型互联网企业的资本规模和盈利能力远高于其他中小型竞争对手，保险技术领域的赢家通吃现象更加突出。中小规模的竞争对手要么被大型公司吸纳，要么被市场挤出，不利于长期保护市场活力和创新能力。二是对金融安全的挑战，一些机构利用金融技术的名义，依托互联网的传播效应进行金融诈骗，极具欺骗性和风险性。三是对消费者权益保护的挑战，在金融技术的飞速发展中，一些企业有强烈的逐利的冲动，侵犯了消费者的知情权，剥夺了消费者的选择权。四是对监管能力的挑战，与传统的业务经营形式相比，保险技术领域的潜在风险更具隐蔽性和传染性，如何有效利用技术手段及时发现风险并快速应对风险，目前还没有形成有效的方案。

# 第4章　金融资产管理公司控股保险业案例分析

## 4.1　中国信达：增持寿险、减持财险

### 4.1.1　资产管理公司首进保险业，信达控股幸福人寿

2006 年 2 月，幸福人寿保险股份有限公司（以下简称幸福人寿）获准建立。第一个发起人是中国企业联合会（以下简称中企联）和中国企业家协会（以下简称中企协），当时计划由中企联各会员单位共同出资设立，注册资本 5.3 亿元，最大的股东是水利部系统下的金融投资公司和山西大同煤矿集团公司。

但是像许多新兴的保险公司一样，幸福人寿在 2006 年经历了几次股东变动。由于财务状况、管理理念和其他原因，一些股东开始撤资，筹备团队主要着眼于寻找新股东并进行谈判，与此同时，幸福人寿筹备小组也发生了重大变化。已筹备一年有余的幸福人寿，股东经历了数次变换。在最新的股东名单中，赫然出现"信达投资有限公司"（以下简称信达投资）和"中润经济发展有限责任公司"的名字。这两家公司同为信达资产管理公司子公司。并且，幸福人寿的注册资本金已由最初的 5.3 亿元增加到 10 亿元以上，在所有新成立的寿险公司中资本金最雄厚。除前述信达投资和中润经济发展有限责任公司外，在目前幸福人寿的 13 家股东名单中，还有一家信达资产管理公司的下辖子公司。为了使中国信达绝对控股，这三家公司共同出资 6 亿元入股，其余 4 亿元由其他 10 家股东共同承担。

根据《保险公司管理规定》第四十三条规定，除中国保监会批准的保险控股公司或保险公司外，单个企业法人或者其他组织（包括其关联方）投资保险公司的，持有的股份不得超过保险公司股份总额的20%。中国信达3家子公司在股权分配上的安排，亦将受到此规定的限制。随后，中国信达向中国保监会和中国银监会提交申请，并于2007年4月30日收到批复，同意其以现金资本金人民币6.4亿元认购幸福人寿6亿元股权。此外，应严格按照《公司法》等有关法律法规要求，切实履行好股东职责，做好幸福人寿的设立工作，督促其建立和完善公司治理结构，建立良好的内控制度和风险管理制度，依法合规开展各项业务，防范投资风险。同时，要求中国信达对幸福人寿实施并表管理，双方建立有效的风险隔离机制，切实防范不正当关联交易和利益输送。

自此，中国信达正式将保险业划入其"现代金融服务企业"的版图，在打造金融控股平台的道路上不断前进。包括已成立的信达澳银基金公司和已批准筹建的信达证券，中国信达已涉足证券、基金和保险三大行业。

### 4.1.2　幸福人寿难见幸福曙光，8年累计亏损30亿元

幸福人寿成立于2007年11月，除中国信达外，主要股东还包括三胞集团有限公司、陕西煤业化工集团有限责任公司等企业，注册资本11.59亿元，公司总部设在北京。

幸福人寿成立8年都未能实现盈利，根据年报数据显示，2009年至2014年间净利润依次为 -2.45亿元、-4.5亿元、-7.37亿元、-7.91亿元、-7.53亿元、-3.93亿元。

不过，跟随潮流逐渐走上资产驱动负债道路的幸福人寿，经营境况逐步得到缓解，其2015年净利润扭亏为盈，盈利3.35亿元。该年原保险保费收入为107.48亿元，万能险投保人投资缴费增加162.38亿元，万能保险保费在规模保费中的比例高达60%。根据数据，该公司2016年的净利润急剧下降，2016年的净利润仅为1801.59万元。根据八年的数据资料，幸福人寿损失了约30亿

元，实际上，较激进的万能险保险公司通常会面临偿付能力问题。根据幸福人寿披露的年报数据，截至 2016 年底，该公司可供出售的股票类资产为 8.70 亿元，而 2015 年这一数据仅为 0.19 万元。

### 4.1.3　偿付能力及退保成硬伤，引致重要股东退出

自成立以来，幸福人寿一直受困于偿付能力问题。2010 年，公司的偿付能力风险充足率仅为 2.82%，创历史新低，同时也低于中国保监会设置的 100% 的最低标准。为此，中国信达注资增加了实际资本，从 2010 年的 12.2 亿元增加到 2011 年底的 27.3 亿元，公司的偿付能力有所提高。2011 年，经过股东投资并且发行 4.95 亿元次级债券，幸福人寿偿付能力提高到 104.96%。但据公司年报显示，幸福人寿 2012 年亏损近 8 亿元，营业费用可达 46.6 亿元，债务 258.8 亿元。近 8 亿元的巨额亏损也使幸福人寿成为 2012 年损失金额最多的非上市保险公司。

此外，2012 年幸福人寿退保 7.8 亿元，与 2011 年的 4.8 亿元相比增长 62.5%。其中，幸福人寿退保保费占保费收入的近 13.9%，高退保率将显著增加运营成本。与此同时，人寿保险占退保金额的大部分，其余的健康保险和意外伤害保险的退保保费分别仅有 30 万元和 144.88 万元。人寿保险公司总裁曾公开表示，将分红保险的退保比例控制在 5% 左右，否则将大大增加运营成本。2012 年，幸福人寿还出台了十项理赔服务措施，赔偿总额达 3.6 亿元，与 2011 年相比，增长了约 48.67%，其中一次性支付的最高金额为 131.64 万元，2012 年偿付能力仅为 48.45%，退保金同比增长 62.5%，业绩不佳导致股东出售股份。

2010 年 11 月，幸福人寿的主要股东之一中国旅行社在北京金融资产交易所挂牌其拥有的 4.31% 股份，但未能找到合适的买家。2011 年 2 月，标的股权因增资暂停交易。直到当年 10 月，转让招标继续，价格从 1.6 亿元增加到 1.7 亿元，这是因为公司将增资作为评估上市价格的重要参考。时隔两年，2014 年 5 月，中国中旅再次将其所持有的幸福人寿全部股权在北京产权交易所挂牌，挂

牌价格降为 1.5 亿元，2014 年 12 月，经原保监会同意，才将其持有的全部股份转让给深圳市拓天投资管理有限公司。

### 4.1.4　为保偿付能力，中国信达多次增资幸福人寿

幸福人寿成立后，预期 2013 年将实现盈利，但业绩并不理想。2011 年，中国信达对幸福人寿进行首次增资，增资后注册资本达到 23.18 亿元。2012 年，中国信达对幸福人寿进行二次增资，注册资本增至 27.4 亿元。但由于幸福人寿 2012 年保费收入较上年增加 13.10%，高于行业平均增长率 4.16%，偿付能力仍面临压力。2012 年 3 月，中国保监会发出 4 份监管函，对 4 家偿付能力充足率低于 150% 的公司进行监管，包括友联人寿、长城人寿、幸福人寿、昆仑健康保险，4 家保险公司被责令暂停设立分支机构，其中幸福人寿也被责令从 3 月 20 日起停止开办新业务。2012 年，幸福人寿的偿付能力充足率仅为 48.45%。作为保险业的重要指标，行业平均偿付能力充足率为 150%，幸福人寿远低于这个数字，成为四大不达标企业之一。截至 2013 年第一季度，幸福人寿偿付能力充足率为 123.89%，达到了偿付能力充足率的 I 类公司标准。截至 2013 年 4 月，幸福人寿正在积极引进新的投资者，预计将再引进 8.5 亿元资本，届时公司偿债能力预计将达到 240% 以上。

抓住万能险爆发期的幸福人寿在 2015 年迎来了转折点。2015 年，幸福人寿万能保险保户新增投资金额激增 3.16 倍，达到 162.38 亿元，推动规模保费增长 1.35 倍，达到 269.86 亿元。其净利润最终转为盈利，盈利 3.35 亿元。遗憾的是，自 2016 年下半年以来，尤其是 2016 年第四季度以来，监管部门大幅收紧了万能保险，幸福人寿保单持有人投资基金新增交费同比下降 26.24%，规模保费下降 5.1%。导致 2016 年净利润也降至 1801.59 万元，同比下降 94.6%。到了 2017 年，其经营情况进一步恶化。

2016 年，幸福人寿偿付能力呈下降趋势，前三季度核心偿付能力充足率为 71.41%、67.51%、66.57%，压力明显。另外，前三季度末综合偿付能力充足率为 139.60%、132.78%、119.68%，呈

下降趋势。从此，幸福人寿开始了新一轮的增资程序。幸福人寿以每股 1.55 元的价格发行新股 3.79 亿股，其中最大股东中国信达出资 3 亿元认购 1.93 亿股，第二大股东三胞集团出资 2.88 亿元认购 1.85 亿股。增资完成后，幸福人寿的注册资本增加至 60.09 亿元。获得增资后，幸福人寿的偿付能力即达到保监会的要求。幸福人寿 2016 年第四季度核心偿付能力充足率和综合偿付能力充足率分别为 58.61%、105.71%。在"偿二代"体系中，综合偿付能力充足率和核心偿付能力充足率是评价保险公司偿付能力的重要指标。按照规定，综合偿付能力不应低于 100%，核心偿付能力不应低于 50%。也就是说，幸福人寿通过增资勉强达标。

2017 年，幸福人寿的亏损进一步扩大，仅 2017 年上半年，幸福人寿就亏损约 10 亿元。为了进一步增持幸福人寿，中国信达出售了对其财产保险公司的控制权。幸福人寿已发行新股约 60 亿元，中国信达认购金额高达 32 亿元，其中 40 多亿元成为注册资本。幸福人寿发行新股 41.2 亿股，每股价格为 1.55 元，其中中国信达认购 21.01 亿股，金额达 32.56 亿元；第二大股东三胞集团出资认购 5.88 亿股，金额达 9.12 亿元；深圳亿辉特科技认购 6.09 亿股，投资 9.4 亿元、陕西煤化集团认购 3.68 亿股，金额为 5.7 亿元。2017 年 4 月 5 日，中国保监会正式批准幸福人寿注册资本由 60 亿元增加为 101.3 亿元，股东人数不变，最大股东中国信达持股比例依然为 50.99%。自增资以来，2017 年第一季度，其核心偿付能力充足率和综合偿付能力充足率分别提高至 148.43%、193.70%。但在 2017 年第二季度，这两项指标分别下降到 106.13%、146.66%。

### 4.1.5　"偿二代"二期工程启动，偿付能力仍然堪忧

中国信达为增加对幸福人寿的持股，不惜出售对其财产保险公司的控制权，然而这种情形并没有持续多久。保监会宣布启动"偿二代"二期工程，监管部门开始重拳整顿万能保险。曾经用万能保险实现了扭亏为盈的幸福人寿，再次陷入巨额亏损的境地，

未来的偿付能力再次出现问题。"偿二代"二期工程从各个方面对保险公司的合规管理提出明确要求，保险资金的使用也包括在内。股票的浮动利润需要计提更多的最低资本。未来几年万能保险账户会在一定程度上承受压力，短线炒股的公司将成为重点监管对象。

幸福人寿在其 2016 年年报中被列为中国海诚十大流通股股东之一，之后在后者披露的 2017 年第一季度十大流通股股东名单中"消失"。根据上市公司公布的 2016 年年报，幸福人寿已成为包括 TAPA、中国海诚在内的六家公司的十大流通股股东，其中五家账户为万能保险账户。监管政策的紧缩也迫使幸福人寿面临转型问题。幸福人寿曾经表明，增资后，公司会有足够的现金流和偿付能力，为自身价值转化提供了机会。同时，幸福人寿列出了具体的转型思路：一是产品结构由理财性向保障性转变；二是保费结构由趸交业务向期交业务转变；三是期限结构由短期变为长期；四是渠道结构从银行保险渠道向个人保险渠道转变。

## 4.1.6　强监管下回归主业，幸福人寿任重道远

高增资终于给幸福人寿的偿付能力吃紧情况带来了转机。幸福人寿将促进转型保障型业务。根据幸福人寿中长期战略，从 2016 年开始明确提出坚定推进公司业务转型的发展战略，积极缩小中短期产品、万能保险保费规模，增加银保期缴、个体保险等长期保障业务的拓展。从 2017 年上半年的数据来看，幸福人寿的业务转型已经显现出一定的效果：银保期缴的保费同比增长 63.3%；个人保险业务标准险同比增加 37%，增速比行业平均水平高 17%；公司续保保费同比增长 35%，实现大幅增长。但万能保险比重大幅下降，万能保险在幸福人寿规模保费中所占比例从 2016 年上半年的 51.89% 下降到 2017 年上半年的 2.71%。在转型过程中，资产端利润下降，负债端成本上升，导致公司 2017 年上半年周期性亏损。资产端收益方面，由于资本市场持续低迷，资金利率较低，公司上半年投资收益回报较同期下降，而负债端成

本方面，由于公司加快业务转型，年度财务费用有一定程度的增加。同时，为了保证保单持有人保单利益的持续稳定，在投资收益的压力下，公司只对客户的分红和结息水平进行了适当的调整，导致公司负债成本有一定的增加。

2017 年下半年，幸福人寿一方面将通过加强资产配置努力提高投资收益，另一方面将继续严格控制费用和成本，在负债端加强成本管理。接下来，公司将在"养老、疾病、死亡、伤残"和开发具有长期储蓄特征的保险产品方面加大产品保障力度；且产品始终以客户需求为导向，并结合公司发展战略和队伍销售能力，使产品既符合客户需求又能满足公司业务开展和转型发展的需要。终身保障型重疾险和长期储蓄型终身年金保险是幸福人寿专注开发和销售的产品，幸福人寿仍是国内较早开发并销售反向抵押养老保险产品的公司，此产品引发了社会的广泛关注。

### 4.1.7　为保障寿险偿付能力，中国信达减持财险

与幸福人寿大手笔增资形成鲜明对比的是，中国信达 2017 年以 42.2 亿元转让信达财险 41% 股权，放弃对信达财险的控股权。

信达财产保险成立于 2009 年 8 月 31 日，总部设在北京，注册资本 30 亿元人民币。经营范围包括：财产损失保险、责任保险、信用保险、保证保险、短期健康险、意外伤害保险、上述业务的再保险业务、国家法律法规允许的保险资金运用业务及中国保监会批准的其他业务。

信达财险自成立以来，盈利能力一直不尽如人意。2010—2012 年连续亏损，亏损金额持续上升，分别为 1.06 亿元、2.44 亿元、3.71 亿元。经过三年的微利，信达财险在 2016 年又亏损了 2.4 亿元。截至 2016 年，总亏损已超过 10 亿元。依据年度信息披露，信达财险 2016 年全年营业收入为 333637.46 万元，营业利润为 –24067.46 万元，净利润为 –23084.86 万元，2016 年末资产总计 627987.81 万元，负债总计 362992.87 万元，所有者权益总计 264994.94 万元，公司偿付能力充足率为 330.40%，较上季度末略

有下降。2016 年的亏损，主要是车险业务出现亏损所致，原因在于综合费用率较高。

业绩糟糕让信达财险的股东有了退出的想法。2016 年 12 月 22 日，中国信达通过北京金融资产交易所公开挂牌转让信达财险的 12.3 亿股。深圳投资控股有限公司（以下简称深投控）以 42.2 亿元的价格中标。中国保监会于 2017 年 4 月 13 日批准了此次股权转让。结果深投控以 41% 的持股比例成为信达财险的实际控制人，信达资产持股比例下降到 10%，成为第三大股东。根据信达财险 2016 年末合并净资产约 26.5 亿元，深投控 41% 股权对应的股权为 10.87 亿元，相当于近三倍的溢价。

除此之外，第二大股东也在 2017 年 10 月易主。2017 年 10 月 17 日，联美量子股份有限公司（以下简称联美控股）拟参与受让重庆两江金融发展有限公司在重庆联合产权交易所集团股份有限公司挂牌的信达财险 40000 万股（占总股本的 13.33%）。早在 2013 年，联美控股曾认购了信达财险定向增发的 18000 万股（占总股本的 6%）；加之本次参与受让，联美控股持有信达财险股份将达到 58000 万股，占总股本的 19.33%，并一举成为信达财险第二大股东。

大股东变化频繁，小股东也是如此。2017 年 7 月 12 日，中国保监会网站发布的《关于信达财产保险股份有限公司变更股东的批复》（保监许可〔2017〕730 号）显示，台州万邦置业有限公司获准将其持有的 7500 万信达财产保险股份转让给中铁建设投资集团有限公司。转让后，中铁建设投资集团有限公司持有信达财险 2 亿股，占总股本的 6.667%；万邦不再持有信达财产保险股份。频繁的股权变动表明资本对保险牌照的渴望。随着保监会进一步收紧牌照审批，保险牌照仍然是稀缺资源。虽然一些资本选择退出，但仍属于溢价退出。

### 4.1.8　信达财险更名，未来主攻科技保险

2017 年 12 月 21 日，信达财产保险获得中国保监会批准，同

意将公司名称变更为"国任财产保险股份有限公司"。经国家工商行政管理局和中国保险监督管理委员会批准，信达财产保险于 2018 年 1 月 17 日正式更名为国任保险。深圳投资控股有限公司以人民币 42.2 亿元收购信达财险 41% 的股权，信达财险 2016 年末合并净资产约为人民币 26.5 亿元，因此相应的 41% 股权为人民币 10.87 亿元，相当于近 3 倍的溢价。国任保险作为深圳国有保险公司。深圳市委、市政府高度重视公司的发展，对公司发展寄予厚望。公司构建了财产保险、投资管理、科技保险、"三驾马车三箭齐发"的经营发展策略。在传统业务和资产管理业务的基础上，科技保险将成为其未来发展的新焦点。

## 4.2　长城资管：单独寿险模式

### 4.2.1　长生人寿的前世今生

长生人寿保险有限公司是国内首家中日合资寿险公司，原名为广电日生人寿保险有限公司。其成立于 2003 年 9 月，并于当年 11 月正式开业，由日本生命保险相互会社和上海广电（集团）有限公司合作设立，双方各占 50% 股份，注册资本为 3 亿元人民币。成立初期，广电日生人寿保险有限公司以个人寿险和团体寿险为主营业务，营业范围集中在上海地区，并随着公司的发展，逐渐将营业范围扩大到全国。

日本生命保险相互会社是日本最大的人寿保险公司兼养老金发放管理机关，成立于 1889 年，至今已有一百多年的历史，在日本甚至全球都享有极高的声誉。2015 年 7 月，日本生命保险相互会社在美国《财富》世界 500 强企业中排名第 56，保险行业世界排名第 8、亚洲排行第 1，被公认为全球超大型金融机构，也是全球最大的保险集团之一。此外，在 2016 年 7 月，外部信用评估机构给予日本生命保险相互会社高度评价，包括信用评估投资信息中心 AA 级、标准普尔 A+ 级、Fitch Ratings 信用 AA 级。同时，日本生命保险相互会社是日本国内最大的投资机构，拥有其国内上市股票的 2%（时价总额）。

上海广电（集团）有限公司于 1995 年成立，通过在市场经济中十多年来的不断摸索，从一家简单的电视制造企业，发展成为如今国内技术遥遥领先的信息产品制造商和信息服务提供商。截至目前，该集团在全球拥有 27000 名员工，业务范围覆盖五大洲，共有 120 家成员公司。上海广电已直接投资上海广电信息产业股份有限公司、上海广电电子股份有限公司、上海广电通讯网络有限公司等，合计 30 家企业，并与国际上许多知名公司达成合作关系，建立了 40 多个合资企业，拥有成熟的合资经验和良好的声誉。上海广电集团的目标是在有序的竞争环境中最大限度地发挥创新能力，不断向社会提供先进的电子产品和信息服务。

广电日生人寿保险有限公司始终奉行以下经营原则：（1）以人为本：一切行动从"人"的角度出发，珍惜人才。时刻倾听顾客和员工的心声，尊重和满足"人"的需求。专业经营：发展一支高度专业化的"保险营销人员"团队，并使其成为公司与客户之间的联系点，努力提供契合客户需求的保险产品和服务，成为顾客最为信赖的人寿保险公司。（2）诚信服务：诚心诚意地为顾客服务。无论何时，始终从顾客的利益出发，不断地追求使顾客满意的高质量服务，以回报顾客信赖。（3）回报社会：人寿保险以投保人的互帮互助为事业核心，不仅能够分散个人的生命风险，还具有极高的公益性，能够提高社会福利。

## 4.2.2　长城资管入驻长生人寿

自成立以来，广电日生连年亏损，其经营业绩一直在行业的下游徘徊。原保监会 2008 年的公开数据表明，广电日生人寿总保费为 1.64 亿元，在 51 家国内寿险公司保费收入中排名靠后，位列第 43 位。因为寿险业需要一个 6~7 年的运作来实现过渡，进而产生盈利，所以广电日生的稳定经营还需要股东的不断注资。此外，日本生命保险相互会社以合资的形式进入中国，在中外股东的相处中，公司文化和管理理念存在较大分歧，出现"水土不服"的情况，需要一定时间来适应市场，并且中、外资各占一半的股权结构格局明显制约了公司的决策效率。同时，上海广电自身主业经营也陷入困境，2008 年巨亏 18 亿元，已经资不抵债。2019 年 4月，上海市政府已经成立托管小组对上海广电的资产进行托管清理，主营业务能继续保留，而与主业无关的业务将被处理或出售。而广电日生这 50% 的股权正是属于被出售之列。

上海广电欲通过抛售自身 50% 的股份来摆脱困境，稳定经营。2009 年 9 月，保监会作出答复，同意长城资产管理公司（以下简称长城资管）收购广电日生人寿保险有限公司 50% 的股权，广电日生人寿也因此更名为"长生人寿保险有限公司"，完全取代了上海广电集团这一股东。此外，长城资管拟与日本生命保险相互会社继续增加对长生人寿的资金投入。

### 4.2.3　长城资管打破持股僵局，结束连亏 13 年窘境

长生人寿股权变更是继前海康人寿（现名"同方全球人寿"）股权变更后，保险市场中兴起的另一家合资险企。2015 年 7 月，中国保监会发布了《关于长生人寿保险有限公司变更注册资本金、股东及修改章程的批复》，对长生人寿后续增资事宜作出相关规定。此次增资规定对长生人寿股权变动具有重要意义，原先两大股东 1∶1 僵持的股权结构被打破，长城资产及其子公司合计持有股份达 70%。

此次增资不仅上调了长生人寿的注册资本金，由 13 亿元人民币增加到 21.67 亿元人民币，股权结构也发生了重大变化。长城资管认购新增资本金中的 4.55 亿元，并持有公司 51% 的股份；长城国富置业有限公司（以下简称长城国富）认购新增资本金中的4.12 亿元，并持有公司 19% 的股份；日本生命保险相互会社未参与此次增资，持有公司 30% 股份。其中，长城国富是长生人寿的新增股东，隶属于长城资产，是其旗下的房地产开发与投资运营平台，主要以实业投资、资产管理与经营、租赁、房地产开发为

主营业务，注册资本 10 亿元。从根本上来看，此增资事宜大大增加了长城资管的控股能力，打破了股权结构的僵持局面。

但自 2009 年股权结构变更后，长生人寿并未完全摆脱其经营困境，直到 2014 年，长生人寿仍处于持续亏损状态。虽然长城资产拥有公司 50% 股权，但其没能在长生人寿的银保业务方面发挥重大作用。2013 年公司亏损 0.89 亿元，2014 年亏损 0.33 亿元，2015 年的净亏损为 0.56 亿元。长城资管对其增资并实现控股一年后，2016 年长生人寿取得了前 13 年的保费总和，并实现盈利，扭转了多年亏损的局面。

一方面，长生人寿加强与大股东长城资管以及其旗下子公司的业务协同。另一方面，依托日方股东的优势，开发赴日医疗的特色产品。近期，长生人寿历经 2 年时间，开发出国内首款赴日国际医疗产品——"彩虹桥"。这是一款针对赴日本治疗癌症的客户的产品，既有经济补偿，又具人性化、专业化医疗服务，该产品具有较强的竞争优势。

# 4.3　东方资管：找准切入，逐步打造保险集团

## 4.3.1　中华联合保险的前世今生

中华联合财产保险公司（以下简称中华联合）成立于 1986 年 7 月，注册资本 15 亿元。其最大股东为新疆生产建设兵团，持股占比 61%；另外 16 家股东合计持股 21%，都位于新疆维吾尔自治区境内；剩余 18% 的股份由中华联合内部员工间接持有。2004—2007 年，中华联合的保费收入实现跨越式增长，从 65.53 亿元逐年增加至 183.11 亿元，增长趋势迅猛。但由于机构扩展过快、粗放式经营带来的高成本等原因，中华联合在 2007 年出现了巨额亏损和严重的债务缺口，导致其偿付能力不足。三年间，中华联合盈利不断出现缺口，2007 全年亏损达 91 亿元，2008 年亏损 23.83 亿元，2009 年亏损 9.32 亿元。此外，所有者权益也在一路走低，

2007 年所有者权益降至 −89.76 亿元，每股净资产为 −5.98 元。截至 2009 年末，中华联合的所有者权益为 −128.91 亿元。

为了弥补偿付能力不足的问题，中华联合开始了引资战略，但引资之路走得并不顺利。2009 年初，三家外资公司参与了最后一轮竞标，最后安盟保险出价最高，以每股 5 元的标价胜出，安盛保险次之，皇家太阳联合保险出价最低，每股约 3 元。但安盟保险由于内部协调问题，退出竞标，于是由安盛保险接手。安盛受到国际金融危机的影响，随后也退出竞标，放弃对中华联合的收购。中华联合启动引资，一方面为了补充资本金缺口，另一方面剩下的资金可以用来开设寿险公司，但由于引入外资失败，原本准备跟进引入内资的计划也相应地搁浅了，最后只有被保监会接管。2009 年 3 月，保监会派驻工作组进入中华联合保险，当年 5 月，保监会正式接管中华联合保险，随后启动了保险保障基金，并接手了新疆生产建设兵团持有的所有股权。2010 年 12 月，中华联合保险将总部由新疆迁移至北京。2011 年 12 月，保险保障基金公司正式介入，持有中华联合保险股权的 57.43%，约 8.6 亿股，成为其控股股东。2012 年 3 月，保险保障基金完成对中华联合保险的再次增资，以扩大其注册资本金，公司注册资本由此前的 15 亿元变为 75 亿元。2012 年 12 月，中华联合保险完成重组，股权结构发生重大改变。东方资产管理公司以债转股的方式注资 78.1 亿元，持有公司 51% 的股份，成为其第一大股东。保险保障基金持股比例为 44.82%。2016 年，中华联合保险的经营已基本稳定，注册资本金达 146.4 亿元；公司偿付能力充足率达 290.61%，符合偿付能力充足率 Ⅱ 类公司标准。公司被国际评级机构评为中华财险 "A−" 级，长期展望为稳定。2016 年，中华联合保险实现保费收入近 400 亿元，市场规模位居国内财险市场第五，农险业务规模稳居全国第二。

### 4.3.2　作风激进导致巨亏，保监会临危接管

中华联合保险被接管和重组的一个重要原因是其粗放式的

经营模式，进而导致公司巨额亏损和偿付能力不足。数年的激进作风给中华联合保险带来巨亏，自 2007 年的净亏损额达 64 亿元，中华联合保险开启了漫长的引资过程，但最后都以失败告终。2009 年 5 月，保监会正式接管中华联合保险，并接手了新疆生产建设兵团持有的所有股权。2011 年 12 月，保险保障基金公司正式介入，持有中华联合保险股权的 57.43%，约 8.6 亿股，成为其控股股东。2012 年 3 月，保险保障基金完成对中华联合保险的再次增资，以扩大其注册资本金，公司注册资本由此前的 15 亿元变为 75 亿元。在此次增资中，保险保障基金注资达 60 亿元，持有的公司股份也从 57.43% 增至 91.49%，而新疆生产建设兵团仅持有公司 2% 的股权。保险保障基金对中华联合保险的控股只是阶段性的，恰当时机还会引入新的战略投资者。

### 4.3.3 把握历史机遇，东方资管囊获财险牌照

自中华联合被保监会监管以来，东方资管就有意收购该公司。2010 年，中华联合保险已经实现了扭亏为盈，当年利润总额约 8.5 亿元，内部组织架构都已经搭好，此时已经达到了引资的条件。自此，东方资管开始与保监会洽谈收购中华联合财险的事宜，不过，具体的收购价格和股权比例还尚未敲定。此次收购事宜对于东方资产管理公司而言意义重大，除了能够为东方资管增加一块财险牌照外，更可能将寿险牌照一并收入。2006 年 6 月保监会已批复同意了中华联合"一改三"的整体改制方案，即将原中华联合财险改制为"中华联合保险控股股份有限公司"，旗下再分别设立中华联合财险、中华联合人寿两家独立法人子公司。保险牌照一直以来是东方资管金融业务的短板，此前，东方资管联合国电电力等 15 家公司共同创立了百年人寿，但并未获得实际控股权，而是与其他 8 家股东以 9.01% 的相同持股比例并列第一大股东。自 2006 年起，东方资管将向大型金融控股集团转型作为其战略目标，保险牌照自然必不可少。

2012 年 12 月，中华联合保险完成重组，股权结构发生重大

改变。东方资产管理公司以债转股的方式注资 78.1 亿元，持有公司 51% 的股份，成为其第一大股东。保险保障基金持股比例为 44.82%，位列第二。

### 4.3.4　中华保险获批寿险牌照，定位清晰首年盈利

中华保险公司早在 2004 年 9 月 20 日就已经获得保监会对公司股改方案的批准，实行"一改三"的整体改制。其下设中华联合财险、中华联合人寿两家独立法人子公司，但以寿险子公司未能筹备而告终。2013 年，中华联合保险重组后再次向保监会申报寿险与资管牌照。2015 年，中华保险如期拿下寿险牌照，开业申请已获监管层批准。批复信息显示，公司注册资本为 15 亿元，注册地为北京，股东分别为中华联合控股及其子公司中华联合财险。

在成立之初，中华人寿依托互联网开展业务，不做个险渠道，也不做传统银保渠道，而是直接对接企业，创新团险经营模式。摒弃一成不变的人海战术，寻求互联网突破口，打造线上销售及高端服务。随着公司高级管理人员的变动，中华人寿的互联网战略也随之做出调整，在原互联网创新的基础上，协调多个销售渠道共同发展。不仅广泛地与互联网公司合作，还搭建了自身的互联网销售渠道。再者，中华联合控股也拥有自己的电商平台，为中华人寿的线上业务提供了更多的可能。另外，随着发展模式的改变，中华人寿的业务也发生了较大转变。起初，万能险等理财业务是中华人寿的主营业务。据 2016 年 1~10 月的数据显示，中华人寿实现总保费收入 11.66 亿元，其中万能险业务占比 92.4%，保费收入 10.78 亿元。截至 2016 年末，中华人寿 12.46 亿元的保费收入中，11.21 亿元来自客户投资款的新增缴费额，占比仍维持在九成左右。在 2016 年中华人寿的年度报告中，销售量靠前的五款保险产品有三款是万能型，分别是中华长赢 1 号终身寿险（万能型）、中华团体终身寿险（万能型）和中华团体终身寿险 B 型（万能型）。2017 年，保监会对保险市场进行整改，提出了"保险姓保、回归保障"的原则。同年，中华人寿也对其业务进行调整。

在 2017 年 1~10 月，中华人寿实现保费收入 37981.26 万元，其中来自客户投资款的新增缴费额为 4796.8 万元，占比仅为 12.6%。截至 2017 年前三季度末，在中华人寿的偿付能力报告中，公司仅持有 2 只政策性金融债，15 只各类公司企业债，利率风险敞口为 7.4 亿元，加权平均修正久期为 1.57 年。总体看来，随着公司逐渐向长期保障型业务转型，利率敏感型资产的久期缩短，利率风险较小。短期万能险存量规模缩小，长期保障型产品的比重逐渐增加，未来需要拉长资产的久期，以便更好匹配长久期负债。

此外，中华联合保险还向保监会申请批准成立资产管理公司。中华联合控股提出的五年规划显示，除了继续巩固中华联合在财险行业前五的市场地位以外，还将构建财、寿、资"一通道，三板块"的业务格局，最终将中华联合建成专业化的综合保险金融集团。

### 4.3.5 以"中华"冠名保险集团，成就写入中华保险发展史

2017 年 3 月，国务院通过了中华联合保险更名和组建中华联合保险集团的申请，中华联合保险控股股份有限公司正式更名为中华联合保险集团股份有限公司，这是国内第 11 家保险集团，下设中华财险、中华人寿、万联电商三家子公司。中华联合财险、寿险、资管三轮驱动的经营格局正在逐步形成，未来几年内还将筹建资产管理公司和农联中鑫公司，进一步奠定集团化发展基础。

此外，国务院、国家工商总局和中国银保监会还明确规定，集团的保险子公司可以"中华联合"冠名。这不仅是对中华联合保险在国内影响力与贡献的肯定，同时也为公司面向"十三五"期间的持续、健康发展提供了强大的政策扶持，注入了巨大的无形资产，开辟了广阔的发展空间，创造了重要的战略机遇。中华联合保险集团是国内第一家以"中华"冠名的保险集团，这一举措将载入中华保险的发展史中，充分体现出中华保险在中国保险业发展的重要地位和杰出贡献。

保险监督管理部门于 2018 年 3 月对中华联合保险集团股份有限公司的股权变更作出批复，批准富邦人寿保险股份有限公司接手保险保障基金公司所持有的 862482603 股股份。富邦人寿保险股份有限公司共计持股 1862482603 股，占比 12.17%。此后，保险保障基金公司不再持有中华保险公司股份。自此，中华保险集团完全摆脱了被托管的影子，成为当今市场上具有较强盈利能力的保险公司。

## 4.4　案例启示

### 4.4.1　金融机构布局保险业的路径总结

（1）牵头发起设立全资子公司

牵头发起设立全资子公司，应向中国银行保险监督管理委员会提出设立申请。根据《中华人民共和国保险法》，设立保险公司，注册资本最低为 2 亿元，必须为实缴货币资本，其中 2 亿元只是最低要求，当前保险公司注册资本远多于 2 亿元。如 2016 年 6 月 7 日经中国保监会批准成立的横琴人寿保险有限公司，注册资本为 20 亿元。对大股东持续盈利能力也有要求，要求近三年无重大违法违规记录，净资产不低于 2 亿元。此外，保险公司的设立必须符合《中华人民共和国保险法》和《中华人民共和国公司法》的章程；有具备专业知识和业务经验的董事、监事和高级管理人员；有健全的组织机构和管理制度；有符合要求的营业场所和与业务经营相关的其他设施；符合法律、行政法规和中国银保监会规定的其他条件。

（2）与地方政府合作共同设立子公司

根据我国《保险法》关于保险公司筹建审批的审查原则及标准，中国银行保险监督管理委员会审查保险公司的设立申请时，应当考虑保险业的发展和公平竞争的需要。因此，中国银保监会对地方性的保险公司审批具有一定的政策倾斜，尤其是针对经济发展水平不高，且尚无地方性保险牌照的省份（包括自治区和直辖市）。与地方政府合作主要有两种模式。第一种模式是合资成立地方性的保险公司，即地方政府以现金或是土地作价，合资成立保险公司。第二种模式是地方政府仅提供政策性支持。在此模式下，地方政府往往以优惠的土地和财税政策吸引各大公司成立保险公司，为地方创造就业机会、拉动地方经济增长，但地方政府并不参与公司的具体经营。

（3）收购保险公司股权

随着市场上布局保险行业热情的增加，排队批筹保险牌照的机构不断增多，另外，保险公司的股权交易也日益活跃，涉及保险公司的股权交易已有较多成功案例。相对于新设保险公司，收购保险公司股权虽然需要付出更高的代价，但无疑更快速有效。

### 4.4.2　中小型保险公司经营压力较大

（1）中小寿险公司股权溢价高

由于保险牌照的稀缺性，以及资本市场对保险公司的青睐，保险公司的溢价不断提高，尤其是寿险公司的股权溢价更加显著。2015 年以来，百年人寿、中新大东方人寿、幸福人寿、华泰保险四家保险公司几乎同时上市，股权上市转让价格较净资产溢价较大，其中幸福人寿股权转让溢价高至 100 倍。另外，新设寿险公司在经营方面成本较高，尤其是经营的前几年，寿险公司很难实现盈利。若收购寿险公司，要承担较高的溢价，消耗资本；若新设成立保险公司，短期内很难盈利。尽管布局保险业在扩大总资产规模方面有所帮助，但是对资本的消耗也不可小视。

（2）财产保险公司盈利能力较弱，资本扩张能力有限

财产保险以短期业务为主（大部分为 1 年），尽管在短期内能够产生盈利，但是我国财产保险公司整体盈利能力较弱，这主要是由财产保险公司的市场份额决定的。2017 年财产保险公司保费收入占总保费比例约为 20%。另外，在财产保险公司中，排名前三的人保财险、平安财险和安邦财险，三家合计约占盈利财产保

险公司利润总额的 75%，可见财产保险公司利润集中度较高，中小型财产保险公司赚取利润的空间较小。因此，布局中小型财产保险公司，在资本扩张方面能力有限，且短期盈利能力较弱。

### 4.4.3　外资保险公司在华水土不服

2001 年 12 月 11 日，中国加入了世界贸易组织，成为世界贸易组织的第 143 个成员。中国保险业在过去的时间里取得了快速的发展，内地外资保险公司迅速增加，达到 45 家，占保险公司总数的三分之一以上。但根据保监会网站公布的寿险公司和财产保险公司 1~10 月的原保费收入表，外资公司的保费收入只占寿险市场的 3.81% 和财产市场的 1.08%。

但是，外资保险在中国不被接受有几个原因：一是"先入为主"。由于中国保险业起步较晚，市场空间不够大，市场环境不好，中国消费者缺乏保险意识，中国公司即可满足客户需求。在先入为主的观念影响下，有保险倾向的消费者更容易选择十年前"先入"的中国公司。二是政策限制。如《机动车交通事故责任强制保险条例》第五条规定，中资保险公司经中国保监会批准，可以从事机动车交通事故责任强制保险业务；未经中国保监会批准，任何单位和个人不得从事机动车交通事故责任强制保险业务。外资保险公司不允许开办交强险，车主购买交强险时往往会同时购买商业车险，给外资公司的车险业务造成很大的壁垒。三是销售壁垒。虽然取消了对外国公司经营场所和开设分支机构数量的限制，但只有在分支机构数量达到一定水平后，才能参与同等水平的市场竞争。四是对盈利能力的不同看法。大多数外国公司的定价和储备政策比当地同行更严格，更注重长期盈利能力，导致其短期盈利能力不足。

针对上述问题，我国应该进一步开放保险市场。一方面，外资保险公司尤其是国际大公司，最突出的优势是卓越的运营管理，包括公司治理、产品创新、精算支持和客户服务。这些都是中国保险公司的短板，开放我国的保险市场可以深入促进国内保险业的健康快速发展。比如，允许外资公司经营机动车交通事故责任强制保险，将带来巨大的影响，外资公司的经营模式肯定会给我国保险业带来很大的启示。另一方面，提高竞争力度可以促进中国保险公司"走出去"。物竞天择，适者生存。当外资公司占有国内保险市场较大份额时，中资保险公司定将加大改革力度，加速保险产品合理化发展。

# 第 5 章　中国保险业市场发展展望与建议

## 5.1　中国保险业市场发展展望

### 5.1.1　人口结构变迁为保险市场打开广阔空间

自从进入 21 世纪以来，我国社会人口老龄化问题便越来越严重。根据目前的社会人口年龄分布结构，总人口数目的 10.8% 为 65 岁以上人口，属于标准的老年型社会。以发达国家社会老龄化趋势为参照，我国目前的老龄化人口占比大致相当于日本 1987 年的水平。而日本的老年人口占比在 20 世纪 80 年代中期进入老龄化社会后就急剧上升，在短短二十年间就已经超过 20% 而进入深度老龄化社会。由此来看，未来我国将不可避免地进入社会人口老龄化持续加快的进程中。

养老保障的供不应求是社会人口老龄化问题加深带来的主要矛盾。根据我国 2015 年的数据显示，社会老年人口的抚养比为 14.33%，与十年前相比提高了 1.61 个百分点，且预计未来也将处于持续上升状态。预计在 2035 年前后，我国社会人口结构中 65 岁以上的人口占比也将突破 20%，老龄化将成为社会发展进步面临的一项艰巨挑战。

伴随养老问题产生的便是养老金问题，养老金缺口的增大将居民养老推至更加严峻的境地。目前，养老金普遍被划分为三个部分：基本养老金、企业年金以及个人税延养老金，这被称为我国养老体系的三大支柱。占据主导地位的基本养老金长期以来由于投资渠道狭窄和市场化运作程度不高，导致投资收益低下，无法满足养老基金稳定收益的长期投资目标。而第二支柱的企业年金虽然建立初期快速增长，但在之后的 2015 年发展停滞，进入增长瓶颈期，目前只能依靠存量缴存使其维持增长。

分析发达国家养老资产的配置情况得出，企业年金和个人养老金占比高于基本养老金是合理的养老金结构都具有的特征。以美国为例，2016 年美国的三大支柱养老金资产占比分别为 10%、55% 和 35%，从市场化结构配置中可以感受到各类金融工具的深度参与和广泛融合。2015 年我国开始着手进行养老金改革，针对前两大支柱先后推出了《基本养老保险金投资管理办法》和《机关事业单位职业年金管理办法》等一系列改革措施，同时积极推进第三支柱个人养老金体系的建立，力图通过引入商业养老保险来扭转日趋严峻的养老形势。同时，关于健康险税收优惠政策的颁布也预示着商业养老保险的税延优惠政策也不再遥远，整个保险行业将在红利政策的推动下进入蓬勃发展的新阶段。

### 5.1.2　中国保险业市场空间将被逐步打开

与全球平均水平相比，我国保险深度较低。保险深度取决于一国总体水平的经济发展和保险业的发展速度，保险深度反映该地保险业在整个国民经济中的地位。我国的保险深度在全球范围内仍处在较低水平，但这也预示着我国保险市场未来发展空间广阔。瑞士再保险 Sigma 公布的数据显示，2016 年全球平均保险深度为 6.3%，发达国家和地区的保险深度基本保持在 8% 以上，而我国的保险深度仅为 4.2%，保险深度低于全球平均水平并明显低于发达国家。但近些年来，我国的保险渗透程度增长迅速，内生动力十足。目前，我国保险业正处于加速发展的时期，近几年的发展数据显示，我国的保险深度不仅维持了逐年上涨的发展态势，且涨速也在不断加快。数据显示，2011 年我国保险深度仅为 3.0%，2016 年便增长至 4.2%，年均增幅 24 个基点。而这与我国同样飞速增长的 GDP 水平息息相关，可以说我国保险深度的显著提高是建立在 GDP 保持较高增速的基础之上的，说明我国保险业发展的内生动力十分充足。

我国保险密度较低，预示未来发展前景广阔。保险密度由该地区保费收入和人口数量共同决定，其反映的是国民对保险的参与意愿以及国民经济水平和保险业发展情况。在近十年的时间里，我国的保险密度也在加速提高。根据相关数据，我国国民的人均保费从发展初期的不足 500 元 / 年已经增加至 2016 年的 2239 元 / 年，年平均增速达 12.2%。这说明我国国民参与保险的意愿不断提高，同时不断丰富的保险需求也将会成为保费一直保持高水平增长的强有力的推动力和保障力。与此同时，相关资料显示，2016 年全球人均保费为 638 美元 / 年，发达国家的人均保费甚至已经高达 2500~4000 美元 / 年。无论是与全球平均水平还是与发达国家相比，我国的保险密度都十分不充足，但这也说明我国发展空间十分广阔，国内保险市场仍有大片"黄金"等待挖掘。

香港作为我国经济最为繁盛的地区之一，其保险密度位居世界第二、亚洲第一，这也从侧面说明了内地对于保险的需求十分旺盛。2016 年香港人均保费高达 7679 美元 / 年，保险密度远高于其他发达经济体，我们认为这与内地居民赴港购买保险产品有关。相关资料显示，2016 年前三季度内地访客新造保单保费一共高达 489 亿港元，占同期个人人寿新业务收入总额的 37%。与内地保险市场相比，香港保险市场发展更加成熟，保险产品的种类也更加多样，保障更加充足的同时也为部分中高净值客户提供了更多的投资选择，同时这也表明内地居民本身对于保险产品的需求十分旺盛。随着内地保险市场日渐完善，内地险企更加丰富的产品种类和更为便捷高效的服务将使得内地的保险产品更具吸引力。这也会使得部分中高净值客户将关注点落到内地保险市场中，这类群体将会为内地保险市场和企业带来庞大的保费收入，而内地险企接下来需要关注的就是如何争取留下这部分客户。

近些年来，红利政策的频频出台，为险企未来的发展指明了方向。2014 年 8 月 13 日国务院印发《关于加快发展现代保险服务业的若干意见》，即保险业新"国十条"，此意见点明了现代保险服务业的发展目标：截至 2020 年保险深度达到 5%，保险密度达到 3500 元 / 人，即在未来四年内至少实现人均 1261 元的保费增量，争取年均增长速度达到 11.8%，保险深度平均每年上涨至少 20 个基点。保监会 2016 年 8 月印发的《中国保险业发展"十三五"规划纲要》进一步明确了险企的发展路径和未来的发展方向。我国的保险深度、密度均明显不足，因此只有不断提高的居民收入和不断深化的保险意识才能把潜在的保险需求转变为保险公司实打实的保费收入，广阔的市场需求和政策红利的保驾护航将成为险企持续发展的动力。

### 5.1.3　强监管将成为新常态，回归主业有利于持续发展

2016 年以来，我国金融业去杠杆化政策不断深化，保险监管机构加强了对保险行业的监管，制定了一系列政策和法规来规范保险公司在产品端、投资端以及公司治理方面的活动。在产品方面，继 2016 年 3 月对中短存续期产品采取限制性措施后，2017 年 5 月又出台了针对两全保险和年金保险等短期返还型产品设计行为限制的规定。就投资而言，新推行的第二代偿付能力监管系统负责指导和控制保险公司的投资风险，并加强监管某些中小型保险公司跨界并购和激进举牌的行为，以引导保险资金支持实体经济建设。在一系列监管规定的指导下，保险业逐渐恢复了对维持核心业务的关注，行业风险因素显著下降。

在行业强监管政策的指导下，前期有部分中小企业依靠理财型万能寿险抢占市场，现如今他们开始面临现金流的压力，保险种类结构受到压力且调整业务的拓展速度受到限制。由于大型上市保险公司较保守的管理风格，即重点关注资产负债的长期管理，可以借助其多年的品牌渠道优势和设定费率的经验在市场竞争中占据一定优势。统计数据显示，自 2017 年以来，该行业的市场集中度逐渐提高，大型保险公司的市场份额增长更快。保险公司在前 8 个月的 CR5 账目级数由 2016 年底的 4.53% 上涨至 53.85%，

这预示着行业竞争正在逐步变为强者恒强的战场。

从保险业发展的政治环境来看,我国不遗余力地推动保险业政策的迅速发展,在过去三年取得了相关进展并完成对人身险中传统寿险、万能险以及分红险的市场化费率改革以及商业车险费率改革,以提高人身险保费增速并使财产保险率的确定更具有依据。2016 年,在推动保险产品回归核心主业的思路指导下,监管机构出台了健康险税收优惠政策,并在 2017 年 7 月 1 日由试点地区向全国铺开。

国务院于 2017 年 6 月 21 日召开常务会议,决定从三个层次加快养老保险业务发展:第一个方面是鼓励商业保险为个人和家庭提供具有针对性的养老保障,支持设计和提供老年人意外伤害、长期护理等养老保险产品,建立有保障制度的医疗和养老服务体系;第二个方面是保证商业养老基金安全可靠运行,鼓励商业养老基金设立养老机构;第三个方面是执行国家有关税收和财政政策以支持保险和养老服务业发展,并加快落实个人税收递延型商业养老保险的试点,支持商业养老保险机构参与基本养老基金的管理。预计商业养老保险制度的改善,特别是个税递延养老保险的推广和应用,将在未来五年内使保险部门的保险费增加数千亿元,给保险机构的产品结构和盈利方式带来一定改变。

### 5.1.4 资产配置风格稳健,非标占比将有效降低

监管部门在近些年逐渐拓宽保险资金的投资渠道,保险公司更加倾向于多元化的资产配置,固定收益类资产如银行存款和标准化债权在保险投资资产中所占比例逐渐降低,而权益类资产如股票基金和另类投资在保险投资资产的比重则逐年攀升。在过去两年的降息通道中,受资本市场行情波动加剧以及债券利率走低因素影响,资产荒现象下的保险投资使得部分保险公司通过实施加码非标资产的措施,以稳定公司的投资收益水平。到了 2017 年,债券市场高位震荡,股票市场企稳回升,保险资金呈现出稳健多元的配置趋势。截至 2017 年的相关数据显示,保险行业资

产的可运用总余额为 14.7 万亿元，与年初相比增加 9.74%。其中，银行存款 1.91 万亿元，占比 13.01%；债券 5.14 万亿元，占比 35%；证券投资基金和股票 1.98 万亿元，占比 13.46%；其他投资 5.66 万亿元，占比 38.52%。

目前，尽管中国上市保险公司的资产配置集中在债券上，但具体的投资方式却大不相同。其中，中国人寿和中国太保的固定收益资产比例较高，投资风格更为稳健和保守；而平安保险和新华保险的资产配置风格则更为积极和灵活。同时，平安保险在资本投资中位列首位，超过 20%，但新华保险的另类投资和非标投资相对较高，整体回报更具弹性。

就具体投资业绩而言，四家上市保险公司的总投资回报率在 2015 年见顶后，于 2016 年开始下降，2017 年逐渐企稳回升。2017 年第三季度总投资回报率较 2016 年底略有上升，保持在 5% 以上。随着保险公司的投资和研究体系日益成熟，资产配置结构更加多样化，预计从 2018 年起上市保险公司的盈利水平将继续提高。

在市场利率持续高水平波动的背景下，保险公司的资产配置结构将继续保持相对稳定，主要资产将仍以高评级标准债券、高分红和高股息的权益资产为主，而相对较高信用风险的非标资产占比预计将保持稳定或略有下降。根据 2017 年 4 月财政部发布的会计准则要求，我国的上市公司会计准则在未来三年将逐步向国际标准看齐，符合条件的保险公司可以在 2021 年前暂缓实施 IFRS9 准则。根据业务模式和合同现金流量的特点，未来金融资产的划分将从之前的四类减少到三类，分别是：（1）以摊销成本计量的金融资产；（2）以公允价值计量的金融资产，其变动计入其他综合收益（FVOCI）；（3）以公允价值计量的金融资产，其变动计入损益（FVPL）。按照这个标准，债券资产为保险公司持有且持有至到期和可以出售的将实行业务模式检测，部分未通过测试的债权资产将划分至以公允价值计量的资产。同时，对权益工具和衍生工具的分类将全部预设为以公允价值计量且变动计入损益类资产，只有符合特定条件才可以指定为 FVOCI。因此，保险公司因持有公允价值而增加的金融资产数量，将导致未来会计报表业绩的波动性增加。

在近年来的降息过程中，由于对保险公司净利润的影响迟迟未能实现，2016 年传统风险准备金的转化率大幅下降，进而提升各家险企的传统险准备金计提数额，对险企财务报表中的税前利润产生负面影响。与此同时，自 2016 年 10 月以来，10 年期美国国债利率已达到一个上升的临界点，若以目前 3.9% 的收益水平来进行演算，准备金折现率预计在第三季度开始出现回升，保险企业在年底和 2018 年计提的准备金数额将有所降低，利好险企释放利润。从市场回报的角度来看，2017 年的保险指数与 10 年期美国国债的相关性也很高。11 月 22 日，10 年期美国国债利率在最高点开始回落，导致保险股在短期内受到一定程度的抑制。2018 年的 10 年期国债利率曲线在美国的加息预期不断上涨，在金融去杠杆政策的大环境下仍存在上行压力，但同时也有利于保险股保持当前趋势震荡上涨。

## 5.1.5 中国保险业公司治理结构将会进一步优化

在我国的保险管理实践中，遵循过程思维、和谐思维和消费者思维是三个基本理念。治理不是一次性的行为，也不存在一劳永逸的治理。保险业的发展进程在我国是一个改进、优化结构和治理机制的过程，因此在保险业治理和发展中，不断改善和优化治理发展是一项必然同时也是必需的功课。治理的内涵中要有一定的制衡，但需要澄清的是，制衡不是治理的核心，决策的科学才是。因此，我们必须避免在治理实践中出现不和谐的现象。这里的不和谐不是指有人在会议上提出反对意见，而是由于各种原因使得会议这样的运作机制没有发挥作用，甚至最后需要到法院解决。保险业治理的有效运行不能仅仅依靠《保险法》《公司法》等明文规范，还必须注重行业自律，注重和谐治理。治理风险是一种基本风险，因此，除了保险机构本身之外，还必须整合各级治理力量，包括机构外部的第三方、专业协会和监管机构。治理改革和发展的目标是建立包括第三方治理、机构自治治理、行业自律和保险监管在内的"四位一体"治理链。

在保险治理实践过程中，往往强调发挥各主体的治理机制作用，如来自机构内、外部保险机构的治理主体，包括保险监管机构、保险行业监管机构行业自律协会、内部监督的独立保险机构、保险公司外部审计事务所等。治理机构的协同作用是指监管机构、行业协会和事务所等不同治理机构之间的密切配合，以最大限度地提高治理能力。必须指出的是，在目前混合经营的大背景下，它强调了保险监督、银行监督和证券监督机构之间协同作用的重要性。治理主体之间的互动，强调治理主体之间进行双向的沟通，而不是治理主体与被治理主体之间的简单关系，即使是同类治理主体，两者之间也应该是双向的。协同交互的目标是形成一个联合治理团队。

在保险公司内部治理方面，风险管理尤为重要，因为保险公司是在风险中运营的，风险监管是一种重要的内部治理机制。风险识别、测量和控制的技术方面并不是我国保险公司风险管理的主要问题，最突出的问题是实施和操作：一方面，必须整合各种内部和外部监督机制和控制机制，并充分利用大监测系统的协同作用；另一方面，要明确相关监管机构的职能界限和相关关系，至少在公司内部层面尽量避免出现职能交叉和资源浪费的情况。

## 5.2　对保险业经营的建议

### 5.2.1　深化风险经营观，以底线思维防患未然

根据风险的性质，风险可以分为纯粹性风险和投机性风险。在这些风险中，纯粹风险是指可能导致损失而无获利可能的风险，它可能导致两种结果：无损失和损失，即只有损失的可能性，但没有获利的可能性。纯粹风险一般包括自然灾害（如地震、风

暴）、疾病、火灾、交通事故等意外事故所产生的风险。投机性风险是指既能够产生收益，也能带来损失的风险。这种风险会导致三个结果：获得收益、没有损失、遭受损失。换句话说，投机风险既有盈利的可能性，也有遭受损失的可能性。例如，证券或外汇市场投资活动所面临回报的不确定性是一种投机风险。投机风险的出现往往与单位或个人的投资决策（或更确切地说投机决策）以及社会经济环境的变化密切相关。

在我国，规定保险公司的可保风险只能发生在纯粹风险范围内，即风险一旦发生成为真正的风险事故，便只有损失的机会，而无获利的可能。可保风险具有如下五个性质。第一，可保风险必须具有不确定性。风险的不确定性至少包含三层含义：（1）风险发生与否是不确定的；（2）风险发生的时间是不确定的；（3）风险发生的原因和结果是不确定的。第二，可保风险必须使可能会遭受损失的保险标的数量是庞大的。可保风险的必要条件是大量保险标的都面临相同风险。同时，大量的风险必须具有相似的性质，具有相似价值的风险单位必须暴露于相同的风险中。第三，可保风险必须有可能造成重大损失。风险的发生必须有导致重大损失的可能性，同时这种重大损失是被保险人没办法承受的。第四，可保风险不能使大多数被保险人同时遭受损失。这种情况要求损失以分散的方式发生。因为保险的目的是由多数人支付小额保险费，以弥补少数人遭受的巨大损失。第五，保险承保的可保风险必须是现实的和可衡量的，要求根据风险发生的可能性和潜在损失发生的可能性确定准确的费率，这就要求风险具有可测性。

之所以要求可保风险具有如上性质，是因为保险业经营过程中要遵循大数法则。人们在长期的实践中发现，在大量随机现象重复的过程中，往往出现几乎必然的定律，即大数法则。概率论中的大数定律是保险人计算保险费的基础，大数法则只有在承保大量风险单位时才能发挥作用。此法则的意义是，风险单位的数量越多，实际损失的结果就越接近无限单位预期损失的可能结果。通过这种方式，保险公司可以更准确地预测风险，合理地厘定保险费，在保险期间收取的保险费与损失赔偿和其他费用之间取得精算平衡。保险公司利用在某些情况下存在的不确定性，来分析承保标的损失的相对稳定性。根据大数法则，保险公司承保的每一类标的的数量必须足够大，否则，缺乏一定的数量基础就无法产生需要的数量定律。但是，任何保险公司都有其局限性，即可以承保的具有相同风险性质的单位数量有限，这就需要通过再保险扩大风险单位和风险分散范围。

### 5.2.2 树立国家大局观，助力参与不良资产经营

由于政策、市场和需求等因素的综合作用，包括保险机构在内的市场参与者越来越关注不良资产投资。2017年6月，保监会发表《关于保险业支持实体经济发展的指导意见》，其中明确表示："支持保险资产管理机构开展不良资产处置等特殊机会投资业务、发起设立专项债转股基金等。"不良资产业务的跨周期性和高回报性为"资产荒"环境下保险资金配置路径提供了新的视角。不良资产投资的参与有助于减轻保险资金配置的压力，更好地服务于实体经济。国务院发布《关于市场化银行债权转股权的指导意见》，进一步深化供给侧结构性改革决策的有效实施，并为有良好发展前景但遇到暂时困难的优质企业提供扶持，帮助它们克服困难。在此机遇下，市场化债转股有望成为未来处置不良资产的重要方式。因此，参与不良资产投资业务或将成为保险基金有效应对和支持国家战略的手段之一。此外，通过不良资产投资，保险资金可以以较低的成本进入保险产业链上的医疗、养老、汽车等相关产业，更好地整合资源，实现协同效应。

目前，保险机构有两种方式参与不良资产投资业务：

第一种方式是保险机构采用间接的途径参与不良资产投资。主要包括三种方式：（1）不良资产证券化产品投资。2016年5月，不良资产证券化试点项目正式启动。截至目前，六家试点银行共发行9种产品，发行总额95.2亿元，对应不良资产332.4亿元的资本和利息，折价率28.6%。不良资产证券化产品收益率稳定，抵

质押充足，资产质量良好，可以在配置压力下有效扩大险资金融产品的投资路径。中国保监会颁布的《关于支持保险业发展实体经济的指导意见》，为保险基金直接投资于不良资产证券化产品扫清了政策障碍。（2）投资不良资产私募股权基金。不良资产的处置业务需要高水平的专业投资管理团队，所以险资可以考虑与自身资产管理人合作，作为有限合伙人来投资不良资产私募股权基金。一方面，专业的投资管理人在信息获取、评估和评价、工业研究和应用等方面的综合能力可以通过外部力量获得不良资产投资收益；另一方面，它可以针对产业链整合，在保险公司的上下游产业链中寻找具体的投资机会，从而更好地服务于实体经济。（3）设立或入股地方资产管理公司。目前在国内，不良资产管理机构分为四大国有资产管理公司、地方资产管理公司以及民营非持牌资产管理公司三级，已有高达36家持牌机构，200多家非持牌机构。特别的是，在2016年10月银监会发函允许地方增设资产管理公司后，很多机构开始关注不良资产处置机构的牌照持有，目前地方资产管理公司已获得了四大国有资产管理公司最基本的处置功能，能够发挥积极作用并具备地方资源获取的比较优势。保险机构可以采用与地方合作设立资产管理公司或入股资产管理公司的方式，来获取不良资产业务资源，在专业管理团队的帮助下获得稳定的回报。

第二种方式是保险机构采用直接的途径来参与不良资产投资。包括两种方式：（1）保险资产管理机构可以探索尝试资产支持计划以及债转股相关业务。保险资管机构可探索以不良贷款、非银金融机构不良资产以及企业应收账款坏账为基础资产的资产支持计划，使用活跃资产支持计划业务，抓住直接机会来处置不良资产；国务院的指导意见中指出，在本轮债转股的实施机构方面，明确提到"鼓励保险资产管理机构参与开展市场化债转股"，意见中规定的适用企业和债权范围与保险资金服务实体经济的战略方向比较一致。保险资产管理机构的运作模式以及和其他类型的管理机构一同进入本轮债转股市场怎样才能更具有竞争力和优势是值得深入挖掘和实践的。（2）保险机构直接收购不良资产并进行处理安排。具备内部专业的投资管理团队，以及处置不良资产全过程的业务能力是保险机构直接收购不良资产并进行处理安排的必要条件。相比之下，这种方法更困难，成本也更高。

险资作为参与不良资产管理的"入门者"，也并非没有受到影响。初次踏入不良资产处置领域的保险机构，与其他市场主体相比，识别不良资产风险的能力肯定是不足的。因此，专业的金融资产管理公司可以发挥自身不良资产经营主业的优势，以顾问的身份，参与保险企业不良资产的经营，在不良资产收购定价、管理和处置等环节提供专业化咨询服务。不良资产处置业务对投资管理团队的专业度有着较高的要求，专业的金融资产管理公司可以提供相应的人才和团队，或以管理人身份参与。一方面，可以提供专业投资管理人在信息获取、估值定价、行业研究及法律实践等方面的帮助，通过外部力量使险资获取不良资产的投资回报；另一方面，可以以产业链整合为目标，寻找保险机构上下游产业链上的特定投资机会，更好地服务实体经济。

此外，随着不良资产基础市场范围不断扩大，处置方式的积极创新以及政策引导和支持，不良资产处置业务已进入新一轮快速发展通道。保险机构作为金融市场的重要机构投资者和大资管市场的重要主体，通过与公司合作，可以较好地布局该领域，进一步落实服务实体经济、提升配置收益水平、提高行业投资及风险识别能力。

### 5.2.3 落实科学融资观，切勿将保险公司作为融资工具

我国保险机构资金雄厚、投资规模大、现金流期限长且收益稳定，其他金融机构通过保险公司进行融资具有较大优势。2018年4月27日，中国人民银行、中国银行保险监督管理委员会、中国证券监督管理委员会、国家外汇管理局联合印发了《关于规范金融机构资产管理业务的指导意见》（银发〔2018〕106号，以下简称资管新规），目的在于强化金融机构资产管理能力、规范资

产管理产品,使金融机构有效管控金融风险,促进其服务实体经济的能力。资管新规围绕"服务实体经济、防控金融风险、深化金融改革"的工作重心,严格按照党中央、国务院的总体改革要求,统筹规划以下几方面工作内容:一是按照战略部署,坚决打好防范化解重大风险攻坚战。二是坚守底线思维。三是坚持服务实体经济的根本目标。四是严格遵守监管理念,坚持宏观审慎管理与微观审慎监管相结合。五是坚持以问题为导向和积极稳妥审慎推进的基本思路,防止监管套利,逐步完善公平的市场准入机制,统一规范各类金融机构的资产管理业务,最大限度地提升消费者的权益保护力度。此外,资管新规还从资金募集方式与投资性质两方面对资产管理产品进行分类,并按照分类统一监管标准、投资范围、杠杆约束与信息披露。按照产品适配性原则,适当强化投资者的管理能力,要求金融机构如实履行信息披露义务。明确规定资产管理产品不得保证盈亏,打破刚性兑付。非标准化债权类资产的投资要求进一步严格,防止影子银行、资金池的出现,加强流动性风险管理。分类别统一负债和分级杠杆要求,优化各监管部门间的沟通与协调能力,强化宏观审慎管理和功能监管,防范投资者多层嵌套,抑制通道业务。

资管新规主要规范了包含保险在内的各类资产管理产品,《关于保险资产管理公司开展资产管理产品业务试点有关问题的通知》(以下简称《试点》)也对保险资管作了相关规定。资管新规主要从以下几方面对保险资管产生影响:一是对保险公司债权类资管产品影响较大。保险公司在资金运用过程中,资金主要投放于固定收益类的产品,债券占比35%,其他投资占比40%,资管新规的发布将对保险资产端形成影响,相比于传统的银行理财产品,保险资金具有长久期、资金量大的特点,投资于非标产品不受非标产品期限限制,因此,可以预见大量非标产品会将目标瞄向保险资金,包括从银行理财投资范围中挤出的非标项目,因此,对于保险资金非标产品的选择能力提出了更高的要求,需要更严格的标准权衡安全性与收益性。但是值得注意的是,受制于监管要求，保险资金对于投资非标产品的比例有上限要求［其他类金融产品（含信托计划）的投资上限为25%］。其次，市场利率波动会影响债券估值，占比超过35%的债券投资头寸在短期内将受到一定影响。考虑到保险公司多以持有到期债券为投资目标，利率波动对其影响有限。二是资管新规对保险资产管理产品影响有限。资产新规中对保险资管产品的多数监管要求，与2016年保监会发布的《中国保监会关于加强组合类保险资产管理产品业务监管的通知》基本一致，包括限制多层嵌套、公募分级、资金池、转委托等，具体来看，一致的禁止情形可分为以下几类：（1）资产管理类产品具有"资金池"性质，指发行的产品投资于非公开市场品种，且具有滚动募集、混合运作、期限错配、分离定价、未单独建账或未独立核算等特征的产品；（2）资产管理类产品具有"嵌套"式交易结构，指发行的产品投资于单只非公开市场品种，或产品定向投资于另类资产管理产品，或产品定向投资于同一管理人设立的产品等情形；（3）向非机构投资者发行分级产品；（4）在产品下设立子账户形式进行运作；（5）未对产品投资的基础资产类型与比例作出明确规定，而笼统划分为0~100%；（6）以外部投资顾问形式将产品转委托；（7）委托托管银行分支机构作为产品托管人（该机构已获得托管银行总行授权除外）。

此外，少数不一致的地方包括：（1）产品类型。对于权益类产品的权益投资下限为"60%以上的资产投资于权益类资产的产品"，但是本次新规中明确比例下限是80%。此外，保险资产管理产品类别中包括"另类产品"（指资产中60%及以上的部分投资于基础设施投资计划、股权投资计划、资产支持计划的产品）。（2）杠杆比例。在向机构投资者发行的分级产品中，权益类产品与混合类产品分级比例超过1倍，其他类型产品分级比例超过3倍。资管新规中对杠杆比例作了对应调整，固收类产品分级比例≤3:1，权益类产品比例≤1:1，商品及金融衍生品、混合类产品≤2:1。其中差异最大的是混合类产品，杠杆比例有所提高。（3）保险资产管理产品投资门槛降低，同台晋级白热化。进军资产管理行业后，保险资产管理机构积极寻求业务创新，服务于体系外的资金成为其主要经营策略。《试点》中明确规定了保险资产管理机构可以向具有风险识别能力与承受能力的合规投资者发行资产管理产品，投资金额设定在100万元以上。资产新规中下调了资产管理产品的投资比例，固定收益类产品门槛设置为30万元；混合类产品门槛设置为40万元；商品和金融衍生品、权益类产品门槛设置为100万元。资产新规实行后扩大了资产管理产品的销售范围，提高了资产管理产品在同一市场中的竞争力。未来，保险资产管理机构也将在产品线规划、投研能力建设、客户需求挖掘与拓展等诸多方面提升自身能力。（4）投行业务发展空间提升。由于资产管理产品进行非标投资受限，非标项目发起方具有寻求长久期保险资金的诉求，一种方式是直接由保险资金对接集合信托，另一种方式是做成债权投资计划，如不动产投资计划、基础设施债权投资计划、项目资产支持计划等，从而为保险资产管理机构的投行业务带来较大的新增业务量，而只有债权计划才能够成为保险资产管理产品的可投标的（原文要求见《试点》）。事实上，作为保险体系的投行产品，基础设施债券计划、不动产计划、股权投资计划等资产支持计划产品不仅可以销售给保险资金机构，还可以向险资外的合格投资者销售。保险机构在风险控制上具有天然优势，有助于提供安全性更强的债权类产品，特别是为面向长久期的养老金资金提供了备选标的。而对于保险资金来说，投资于非标和保险体系内投行类产品在投资比例和认可标准上也具有一定的差异。基础设施债权计划和不动产计划属于保险公司5大类投资资产的不动产类资产，比例上限为30%，而信托公司集合信托计划和保险公司的项目资产支持计划属于其他金融资产，比例上限为25%。

通过保险机构融资，需要有相应的保险资管产品与公司进行对接。保险公司的资管产品主要分为债权投资计划和股权投资计划。而作为一般的投资企业不能随意出让股权，因此，债权投资计划是投资主体通过保险公司融资的最佳途径。债权投资计划可以理解为保险公司直接进行信贷业务，或是纵向整合资本市场产业链条到保险公司。保险公司的债权投资计划一般要求投资实业，针对金融机构，保险资管公司采取发行资产支持计划模式进行投资，但须经银保监会审批，银保监会需对受托人资质、基础资产质量等进行逐一审批，业务流程时间较长，在资管新规的背景下还会受到一定限制。然而，随着我国保险二级市场的不断发展，如上海保险交易所，为保险金融产品的发行、登记、交易、质押融资、资金结算、信息披露等提供市场交易的可能，将有利于公司在保险二级市场上进行融资，但融资成本会有所提高。此外，保险资管产品还可以通过信托通道来为其他金融机构实现融资，但资管新规明确去通道、打破资金池，将来该模式将无法轻易获取融资。

### 5.2.4 落实稳健投资观，适度进行险企权益投资

党的十九大报告、全国金融工作会议明确指出，新形势下金融工作的根本目的是服务实体经济，金融机构要始终把握党中央的统一领导，围绕防范化解系统性风险的核心目标，深化金融改革，让金融更好地服务于社会经济发展，实现金融与经济的良性循环、共同发展。当前我国经济主体，在主业经营的同时，适度地对保险公司进行投资，一方面可以更好地分散风险，保持良好的投资安全性与收益性，平衡资产端与负债端，同时能够享受保险业高速发展带来的趋势利好。另一方面可以加强与保险公司的战略合作，实现投资主体主业与保险公司业务上的协同。在目前金融机构回归主业的背景与形势下，各投资主体应明确定位，不适合对保险公司进行控股性投资，而是进行财务投资或战略投资。

对保险公司进行财务性投资，可以更好地分散风险，实现资产与负债的匹配，同时也可以分享保险业高速发展的红利。《保险公司股权管理办法》中将财务型股东分为两类（财务 I 型、财务 II 型），财务 I 型股东是指持有保险公司股份数额在 5% 以内，且满足以下条件：在最近连续一个会计年度内持续盈利；经营状况、

财务状况以及纳税记录良好；并拥有良好的资信，最近三年内无偷漏税行为、无重大失信行为；符合法律法规及保监会要求的其他条件。财务 II 型股东是指持有保险公司股份数额在 5% 以上但不足 15% 的投资人，此外还应当具备以下条件：在最近连续两个会计年度内持续盈利；资本充足，净资产不低于两亿元人民币；投资稳健、信誉良好；符合法律法规及保监会要求的其他条件。

对保险公司进行战略性投资，可以加强与保险公司的深入合作，实现投资主体主业与保险公司业务上的协同。针对保险公司的企业法人客户出现的不良资产，公司可以通过保险公司进一步对客户的情况进行摸排，从而更充分地完成不良债权收购环节的尽职调查。《保险公司股权管理办法》中将持有保险股份数额在 15% 以上且不足三分之一的投资者归类为战略型股东。战略型股东比上述财务型股东所需达到的准入条件更高，战略型股东应满足在最近连续三个会计年度内持续盈利；净资产充足，净资产不低于 10 亿元人民币；具备持续出资能力，且其权益性投资余额不超过净资产；符合法律法规及保监会要求的其他条件。

# 参考文献

［1］刘仁伍．中国保险业：现状与发展［M］．北京：社会科学文献出版社，2008．

［2］国家信息中心中国经济信息网．中国行业发展报告——保险业［M］．北京：中国经济出版社，2004．

［3］孙祁祥，郑伟．中国保险业发展报告2012[M]．北京：北京大学出版社，2012．

［4］王力，盛逖．中国保险业现代化评价指标体系初探［J］．保险研究，2009（1）．

［5］施建祥，赵正堂．保险企业核心竞争力及其评价指标体系研究［J］．现代财经—天津财经大学学报，2003（8）．

［6］蔺琳．保险企业核心竞争力评价指标体系的构建［J］．西部金融，2010（1）．

［7］叶安照．关于构建和谐保险业评价指标体系的思考［J］．华东经济管理，2009（5）．

［8］孙祁祥，朱俊生．我国保险业发展评价指标探析［J］．保险研究，2008（2）．

［9］郑炳南．增额投资评价指标在方案优劣比较时的缺陷［J］．工业技术经济，1994（5）．

［10］周奇志．评价指标在长期投资决策中的应用研究［J］．商场现代化，2007（28）．

［11］彭美华，朱才华，周晓媛，范少瑜．关于新型农村合作医疗评价指标的思考与建议［J］．医学与法学，2012（4）．

［12］彭继民．我国海外投资评价指标初探——阶段、特征、难点分析［J］．科学决策，2003（8）．

［13］梁涛.保险业供给侧结构性改革［J］.中国金融，2016（16）.

［14］肖攀，李连友，苏静.保险业发展水平门槛与中国经济增长的动态均衡[J].山西财经大学学报，2015（10）.

［15］蒲成毅，潘小军.保险消费推动经济增长的行为金融学分析[J].现代财经—天津财经大学学报，2012（12）.

［16］黄英君，陈晔婷.中国保险业发展与经济增长关系研究——基于 VAR 模型的实证分析[J].保险研究，2012（1）.

［17］张颖，刘金全，隋建利.我国保险业发展与经济增长之间的作用机制和关联机制分析[J].当代经济研究，2010（2）.

［18］刘福军，郑付建.金融支持黑龙江省农业供给侧结构性改革存在问题及建议[J].黑龙江金融，2017（2）.

［19］王廷科.供给侧结构性改革中的保险支持与服务问题思考[J].中国领导科学，2016（7）.

［20］杨明生.保险业供给侧结构性改革[J].中国金融，2016（20）.

［21］王晓慧.供给侧结构性改革背景下健康保险的发展研究[J].中国市场，2017（23）.

［22］赵国新.供给侧结构性改革背景下内蒙古保险业发展研究[J].北方金融，2016（7）.

［23］姜波.供给侧结构性改革全局视野下的养老保险制度改革[J].清华金融评论，2017（51）.

［24］王斌.在支持供给侧结构性改革中发挥保险业应有的作用[J].武汉金融，2016（8）.

［25］陆小羽，车辉.寿险业供给侧结构性改革与创新驱动发展研究——基于辽宁省数据的实证分析[J].西部财会，2017（10）.

［26］王灵芝.偿二代助力保险业实现供给侧结构性改革[J].上海保险，2016（10）.

［27］郑秉文.供给侧：降费对社会保险结构性改革的意义[J].中国人口科学，2016（3）.

［28］孙慧琴.保险业供给侧结构性改革的实现路径研究——基于投诉资源利用的视角 [J]. 金融与经济，2017（9）.

［29］唐金成，唐思.发达国家保险中介市场比较及经验借鉴 [J]. 西南金融，2017（2）.

［30］吴传俭.我国保险业服务于国家社会治理能力现代化路径 [J]. 保险研究，2015（4）.

［31］孙祁祥.保险业需要在反思中成长 [J]. 中国金融，2014（17）.

［32］谢志刚，崔亚.论保险监管制度体系的建设目标 [J]. 保险研究，2014（1）.

［33］毛路，陈建民.保险中介机构违规经营现象及对策分析 [J]. 上海保险，2011（3）.

［34］金坚强.行业自律是保险业健康发展的必然要求 [J]. 中国金融，2010（11）.

［35］杨晶.保险行业协会自律监管法律问题研究 [J]. 法制与社会，2009（31）.

［36］孙蓉，杨馥.改革开放三十年：中国保险业的变迁与发展 [J]. 保险研究，2008（12）.

［37］钱兵，陈功.论保险中介公司治理结构的完善 [J]. 保险研究，2007（3）.

［38］罗胜.互联网保险的突破与监管 [J]. 中国金融，2017（14）.

［39］王洋.国外互联网保险行业的发展、监管经验及对我国的启示 [J]. 武汉金融，2017（3）.

［40］叶文辉.英国"监管沙箱"及对我国金融监管的启示 [J]. 金融理论探索，2017（1）.

［41］王静.我国互联网保险发展现状及存在问题 [J]. 中国流通经济，2017（2）.

［42］莫丹，常铮.传统保险与互联网保险监管有效性对比分析——基于成本—收益分析的视角 [J]. 法大研究生，2016（2）.

［43］周雷，吴文英，张雅敏．我国互联网保险产品创新研究[J].苏州市职业大学学报，2016（3）．

［44］王和，周运涛．区块链技术与互联网保险[J].中国金融，2016（10）．

［45］何德旭，董捷．中国的互联网保险：模式、影响、风险与监管[J].上海金融，2015（11）．

［46］孙祁祥．再论保险业的变与不变[J].中国金融，2016(19).

［47］刘竹梅，林海权．保险合同纠纷审判实务疑难问题探讨[J].法律适用，2013（2）．

［48］江苏省高级人民法院．江苏省高级人民法院公报[M].北京：法律出版社，2016.

［49］范健．商法学[M].北京：法律出版社，2015.

［50］王林清．保险法理论与司法适用[M].北京：法律出版社，2013.

［51］奚晓明．最高人民法院关于道路交通损害赔偿司法解释理解与适用[M].北京：人民法院出版社，2012.

［52］贾林青．保险法[M].北京：中国人民大学出版社，2011.

［53］詹昊．保险市场规制的经济法分析[M].北京：中国法制出版社，2007.

［54］林宝清．保险法原理与案例[M].北京：清华大学出版社，2006.

［55］C.小阿瑟·威廉斯，等．风险管理与保险[M].马从辉，刘国翰，译．北京：经济科学出版社，2000.

［56］American Council of Life Insurance（ACLI）.Life insurance fact book[J].2009.

［57］Board F S.Shadow Banking:Strengthening Oversight and Regulation，Recommendations of the Financial Stability Board[J].Washington D.C:Financial Stability Board，2011.

［58］Cummins.D，O.Mahul.The Demand for Insurance with an Upper Limit[J].The Journal of Risk and Insurance，2004（71）：253–

264.

［59］Eric Marcon, Florence Puech. Measure of the geographic concentration of industries: improving distance-based methods [J]. Journal of Economic Geography. 2010（10）: 745-762.

［60］Fragnelli, Vito, Marina, Maria Erminia. A fair procedure in insurance. Mathematics and Economics[J]. 2003（8）: 75-85.

［61］Hussels. S, W. Danian, R. Zurbruegg. Stimulating the Demand for Insurance[J]. Risk Management and Insurance Review, 2005（8）: 257-278.

［62］Javier Olivera.Welfare inequality and financial consequences of a multi-pillar pension system[R].Leuven: A reform in Pery, Department of Economics, 2009.

［63］Jean Pinquet, Mercedes Ayuso, Montserrat Guillen.Selection Bias and Auditing Polices For Insurance Claims[J].The Journal of Risk and Insurance, 2007（2）: 425-440.

［64］Jorg Schiller.The Impact of Insurance Fraud Detection Systems [J].The Journal of Risk and Insurance, 2006（3）: 421-438.

［65］M.Kabir Hassan, Benito Sanchez, Jung-SukYu.Financial development and economic growth: New evidence from panel data [J].The Quarterly Review of Economics and Finance, 2011（1）: 88-104.